하버드
필드 메소드

글 **나와 다카시**
그림 **마쓰우라 마도카**
시나리오 **호시이 히로부미, 마쓰무라 바우**
옮김 **복창교**

경영아카이브

들어가며

하버드비즈니스스쿨HBS에서 배우는 월드클래스 경영이론

인공지능으로도 대체할 수 없는 직종 '경영'과 '경영기획'

'신규 사업기획을 하게 되었습니다.'

'프로젝트 리더를 맡았어요.'

'경영기획 관련부서로 이동하게 됐어요.'

회사 경영자가 아니라도, 최근 비즈니스에 있어서 경영전략 지식이나 노하우가 필요한 일이 늘어나고 있습니다.

게다가 인공지능AI 기술이 발전함에 따라, '일반사무' 업무가 기계로 대체되고 있으며, AI가 대신할 수 없는 '경영' '경영전략' 관련 직종이 주목받고 있습니다. 회사나 조직 관리를 배우려는 수요는 앞으로도 늘어날 것입니다. 경영론은 비즈니스맨에게 있어서 필수 지식입니다.

그렇다고 갑자기 유명한 경영론 책들을 읽는다고 한들, 사용할 수 있는 지식이나 노하우를 체득할 수 있을 리 만무합니다.

이때 도움이 될 만한 것이 MBA에서 배울 수 있는 경영론이죠. MBA란 'Master of Business Administration'의 줄임말로, '경영학 석사'라고 번역합니다. 세계 각국의 비즈니스스쿨에서, 2년 동안 수천만 원이 넘는 학비를 내고 학점을 취득하는 비즈니스 학위로, 비즈니스 기초나 최신경영론을 배웁니다.

이 책은 1908년에 설립된 세계 최고最古 비즈니스스쿨 중 하나로, 명실상부 MBA 최고最高 수준을 자랑하는 하버드비즈니스스쿨HBS에서 배울 수 있는 경영전략을 다룹니다.

저는 동 비즈니스스쿨에서 석사 학위를 취득했으며, 맥킨지나 보스턴컨설팅 등 외국계 컨설팅회사에서 일했고, 지금은 유니클로를 운영하는 패스트리테일링, 자동차부품업체 덴소, 식품기업 아지노모토 같은 기업 이사를 역임하고 있는 경영컨설턴트입니다.

'포지셔닝학파'의 대부 마이클 포터 교수, '마케팅계의 드러커'라는 별명을 가진 시어도어 레빗 명예교수 등, 사업가라면 누구나 한 번쯤 이름을 들어봤을 유명 하버드 교수들의 경영이론을 만화로 쉽게 설명했습니다.

또 하버드에서는 교과서를 쓰지 않고, 실제 기업의 성공과 실패사례 등을 교재로 배우는 케이스 메소드(케이스 스터디)를 채택하고 있기에, 이 책에서도 MBA경영론을 소개할 때에는 되도록 사업사례를 소개하고자 했습니다. 비즈니스 사례를 자신의 회사나 조직의 사례를 생각할 때 참고하길 바랍니다.

마이클 포터의 전략론에서부터 최신 이노베이션 이론까지

본격적으로 들어가기 전에, 장 구성에 대해 설명하겠습니다.

제1장에서는 비즈니스를 한다면 반드시 알고 있어야 할 업계분석이나 자사의 업계 내 위치에 대해서, HBS에서 가장 유명한 교수인 마이클 포터 교수의 '포지셔닝전략론'을 들어 만화로 알기 쉽게 소개합니다.

또 경쟁자가 없는 시장에서 성공한다는, 이른바 '블루오션전략'에 대해서도 실천적인 방법을 다룹니다. 이는 신규 사업을 시작하기 전에 알아두어야 할 전략이라고 할 수 있겠죠.

제2장에서는 마케팅에 대해서 깊이 이야기합니다. 오늘날의 마케팅 이론

에 큰 영향을 끼친 전 하버드비즈니스스쿨 명예교수 시어도어 레빗의 이론 '마케팅 근시안'의 핵심을 쉽게 풀었습니다. 또 실제 창업 단계에서 쓸 수 있는 비즈니스 이론 '린 스타트업전략'이나, 최신 마케팅 이론인 '페르소나 마케팅'에 대해서도 이야기합니다.

제3장에서는 한 번 성공한 비즈니스를 지속적으로 성장시키기 위해 필요한 이노베이션 이론을 소개합니다. 여기서 다뤄지는 것이 하버드에서 태어난 '오픈 이노베이션전략'입니다. 지금은 세계 유수의 기업에서도 도입한 최신 이노베이션전략이지만, 일반 기업에서는 어떻게 도입하면 좋을지, 가공의 중소기업 가가미타월의 사례를 들어 소개하고 있습니다.

제4장에서는 마이클 포터 교수가 최근 들고 나온 'CSV전략'에 대해 소개합니다. '왜 기업은 쇠퇴하는가?'라는 근본적인 물음에 답하면서, 기업은 어떻게 '진화'해야 하는가에 대한 길을 마이클 포터 교수의 최신 경영론을 이용해 밝히고 있습니다. 경영개혁을 하는 데 있어서 주목받는 전략이므로, 만화를 통해 체득하길 바랍니다.

또한, 좀 더 공부할 수 있는 해설을 각 장의 만화 뒤에 실었으니, 만화를 다 보고 나서도 복습할 겸, 내용을 깊이 이해하는 데 이용할 수 있을 것입니다.

| 들어가며 | 하버드비즈니스스쿨HBS에서 배우는 월드클래스 경영이론 | 3 |

| 프롤로그 | 세계 최고봉 하버드 MBA란? | 9 |

세계 최고 MBA, 하버드비즈니스스쿨이란? 22
HBS의 새로운 대명사 '필드 메소드'란? 26

| 제1장 | "세계 최고의 전략가" 마이클 포터의 경영전략 | 29 |

세계 최고의 경영전략가, 마이클 포터의 '5F 분석' 56
'전략 3유형'으로 우위를 점하다 69
포지션으로 생각하는 블루오션전략 73
회사의 '스토리'를 찾아라! 79

| 제2장 | "마케팅계의 드러커" 시어도어 레빗의 마케팅전략 | 83 |

'마케팅 근시안'이란? 106
미국 서해안에서 주목한 '린 스타트업' 112
이상적인 고객상을 100명 만들어라 118

| 제3장 | **"성공"에서 "성장"에 이르기 위한 오픈 이노베이션전략** | **123** |

하버드식 이노베이션전략 '오픈 이노베이션'   142
오픈 이노베이션에 필요한 기업의 "순화"란?   151

| 제4장 | **'공익'과 '사익'을 양립시킬 수 있는 CSV전략** | **159** |

오픈 이노베이션의 함정에 주의하라   178
마이클 포터의 신전략 'CSV전략'이란?   183
대기업만을 위한 것이 아닌 하버드의 경영전략   191

| 에필로그 | | **196** |

| 끝으로 | **실전에서 쓸 수 있는 하버드식 경영전략** | **201** |

프롤로그

세계 최고봉 하버드 MBA란?

본가로 돌아와, 지방 타월제조회사에서 일하게 된 모모카. 자사 제품을 세계에 알리고 싶다는 마음이 가득했지만, 1년 뒤에 그 마음은 차갑게 식고 만다.
한편 회사는 저렴한 외국산 제품에 밀려 경영이 위태로워지고 있었다. 그때, 하버드에서 회사를 도와줄 조력자가 나타나는데…….

우리는 사람 쓸 여유가 없어.

인력이 충분해서요.

하아 아아 아아 아

설마 한 군데도 합격 못 할 줄이야…

미안하지만 힘들 것 같은데.

우리 동네는 이렇게 일자리가 없었구나.

터벅 터벅

촌동네라고 우습게 봤어.

하느님!

저는 정말 잘할 수 있다고요!

부디 제가 빛날 수 있는 일자리를….

철푸덕

으앗

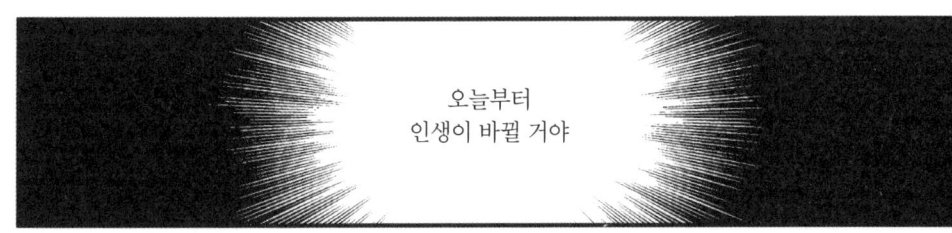

MBA란 경영학 석사를 말하는 거예요.

Master of **B**usiness **A**dministration

2년 동안 비즈니스스쿨에 다니면서, 기업을 경영하기 위해 필요한 능력과 지식을 배우죠.

나는 마이클 포터나 클레이튼 크리스텐슨 등을 교수진으로 둔 하버드비즈니스스쿨(HBS)에 유학 중이에요.

실제 기업사례를 바탕으로 교수와 학생이 강의를 하는 케이스 메소드라는 수업을 개발한 걸로도 알려져 있죠.

잠시만 잠시만요.

사장님, 어디서 이런 사람 쓸 돈이 나셨어요?

돈 없는데.

무섭게 왜 그래.

이래서는 매출은 늘지 않습니다

좀 더 크게 키우도록 하시죠

학생한테… 맡겨도 괜찮으세요?

HBS에서는 필드 메소드라고 학생들이 세계 곳곳에 파견되어 현지 기업의 경영과제를 해결하는 수업이 있다고 하지.

결정해야 할 때 입니다

그렇군요

물론 무료야.

날 우습게 본 건가요?

MBA에서 배운 지식으로

일주일 안에 회사를 재건시켜보죠.

이, 일주일 이라고요!?

체류기간이 일주일 이거든요.

그, 그런 거군요

모모카 씨, 아키토 씨 담당이야. 잘 부탁해.

세계 최고 MBA, 하버드비즈니스스쿨이란?

거물 경영자를 배출한 하버드 MBA

세계 최고라고 일컬어지는 하버드 대학 MBA코스.

MBA란 'Master of Business Administration'의 줄임말로, '경영학 석사'를 가리킵니다. 세계 각지에 있는 대학 비즈니스스쿨에서, 일정 단위의 학점을 취득하면 받을 수 있는 비즈니스 학위죠.

MBA의 본고장이라고 하면 미국과 유럽의 명문대학입니다. 하버드비즈니스스쿨(HBS)은, 그중에서도 명실공히 톱클래스이며, 세계에서 제일 유명한 경영전략가 마이클 포터를 필두로 일류 교수진을 많이 보유하고 있습니다.

또, 시가총액 랭킹 톱 500개 기업에서 배출한 CEO의 수를 바탕으로 매긴 2016년 MBA 랭킹에서, HBS는 세계 1위를 차지했습니다. 입학자 선발 시험인 GMTA 대책 애플리케이션 개발업체가 MBA를 취득하려는 195개국 25만 명 이상의 학생들에게 설문조사를 실시해, 2016년 9월에 발표한 '세계에서 가장 인기가 많은 비즈니스스쿨' 랭킹에서도 하버드는 전년도에 이어 1위를 차지했습니다.

여기서 2년 동안, 세계의 비즈니스 엘리트들과 절차탁마하며, 비즈니스 이론과 경영학을 체득합니다. 졸업 후에는 원래 일했던 회사에서 그간 배웠던 것들을 살리거나, 맥킨지 등 컨설팅 회사로 이직하거나, 사모펀드 운용회사를 설립하기도 하고, 창업하기도 하는 등 명실상부한 거물 경영자를 목표로 하게 됩니다.

하버드에서 시작한 수업법 '케이스 메소드'란?

그럼 하버드 MBA에서는 실제 어떤 수업이 이루어지고 있을까요?

일반적으로 MBA에서는 전략론, 경영분석, 마케팅, 파이낸스, 인적자원관리, 정보관리 등, 경영에 필요한 지식과 스킬을 폭넓게 배웁니다.

하지만 이 책에서 다룰 하버드 MBA에서는, 다른 비즈니스스쿨과는 차별화된 큰 특징이 있습니다.

그것은 케이스 스터디를 중시한다는 점입니다.

　케이스 스터디란 강사와 수강생이 대화하면서 실제 비즈니스 케이스에 대해 강의를 진행하는 스타일을 말합니다. 이전 일본 NHK에서 방영되어 화제였던 마이클 샌델 교수의 「하버드 백열교실ハーバード白熱教室」과 동일한 방식입니다.

　HBS에서는 케이스 스터디를 '케이스 메소드'라고 부르는데, 세계에서 이 강의형식을 MBA 코스에 최초로 도입한 곳이 바로 하버드입니다. 왜냐하면 HBS에서는 견해와 가치관이 다른 많은 국적의 학생들이 모여, 철저한

세계 최고봉 하버드 MBA란? **프롤로그**

논의를 통해, 자신의 생각을 상대적으로 바라보도록 하는 걸 중시하고 있습니다.

학생들은 매번 사전에 케이스에 관한 대량의 자료를 읽어오며, 수업에서는 자신의 의견을 말하고, 그 의견에 따라 성적이 결정됩니다.

이른바 '케이스 원리주의'가 하버드식이라는 말이죠. 물론 케이스를 자기 나름대로 분석하기 위해 필요한 포지셔닝 등의 분석스킬도 기본기로서 배웁니다. 이에 대해서는 제1장에서 다루겠습니다.

중요한 것은 분석스킬을 활용하는 법이 아니라, 이런 스킬을 구사하면서, 머리 아프게 복잡한 케이스를 해결하는 데에 도전하는 것입니다.

HBS의 새로운 대명사 '필드 메소드'란?

점차 현장을 중시하는 하버드

　케이스 메소드는 오랜 기간 HBS의 대명사로 불려왔지만, 2011년부터는 새로운 강좌방법이 개발되었습니다. 그것이 바로 '필드(현장)'입니다.

　이는 이론적 지식 이외에 실천스킬 등을 기르는 것이 목적인 수업으로, 1년 차 필수과목입니다.

　우선은 9월부터 12월까지, 워크샵 형식으로 자신의 리더십 스타일을 파악하게 됩니다. 그 후 1월에 일주일 동안, 여섯 명이서 한 팀을 이루어, 체류해본 적 없는 신흥국에 갑니다. 그리고 어느 기업의  상품이나 서비스 개발 컨설팅을 실시합니다. HBS에서 5,000달러의 자금이 제공되고, 이를 사용해 수개월 동안 비즈니스를 하는 것이죠.

　이 일련의 교수법을 HBS에서는 '필드 메소드'라고 부릅니다. 여기서는 만화 구성상 아키토가 자국에 파견된다는 설정입니다만, 통상적으로는 가본 적 없는 신흥국에 한합니다.

또한 HBS 2년 차 선택과목인 체험형 수업 프로그램 IFC Immersive Field Course에는, 일본 도호쿠에 체류하는 수업이 있습니다. 이 IFC는 이전엔 임시 프로그램이었지만, '필드 메소드'가 도입되고 나서 정식 프로그램화되었습니다. 그리고 일본 도호쿠는 2012년에 처음 파견된 이후, 2017까지 매년 파견지로 선정되었으며, 학생들로부터 많은 인기를 얻고 있습니다.

이렇게 현장을 중시하는 자세를 HBS가 취하는 이유는, 종래의 케이스 메소드만으로는 과거 대기업의 전략을 해부하는 것으로 치우치기 쉬우며, 새로운 시대에 다양한 케이스에 대응하기 어렵다는 결함이 있기 때문입니다.

그렇게 과거의 학설이나 모델에 구애받지 않고, 새롭고, 자유로운 시점으로 전략을 구상하는 것이 새로운 하버드의 방식입니다.

이 이야기의 주인공인 모모카는, 어느 지방도시에 있는 타월제조 중소기업인 가가미타월의 입사 2년 차 사원입니다. 모모카의 회사 제품은 좋은 품질이 강점이지만, 중국산을 비롯해 해외에서 제조되는 저렴한 타월에 밀리고 있는 실정입니다. 이대로라면 회사가 망할지도 모른다고 직원들 사이에서 소문이 돌고 있습니다.

그때, HBS가 필드 방문지를 찾고 있다는 사실을 알게 된 사장이 학생을 받아보기로 결정합니다.

그렇게 해서, 컨설턴트이자, HBS 학생인 아키토가 모모카 앞에 나타나게 됐으며, 멘토로서, 모모카와 함께 회사를 재탄생시킬 전략을 세우게 된 것입니다.

기간은 겨우 일주일. 과연 아키토는 MBA에서 습득한 지식을 활용하여, 어떻게 기사회생 전략을 세울 수 있을까요.

제1장

"세계 최고의 전략가"
마이클 포터의 경영전략

HBS의 '필드' 제도를 사용해온 아키토는 조속히 경영개혁에 착수한다.
그래서 제안된 것이 유일무이한 타월을 만드는 것.
마이클 포터 교수의 이론을 이용하면서 전략을 세워가는 주인공들이지만, 회사가 어떤 생각을 하고 있는지 좀처럼 알 수 없다.

전략 3유형

경쟁우위의 원천

	원가우위	차별화	
전체	**원가우위전략** 저렴한 타월을 대량생산	**차별화전략** 독특한 디자인의 타월을 생산	시장
일부	**집중화전략** 원가집중화전략 지역 기업의 답례품용 타월을 생산	차별적집중화전략 캐릭터 상품으로 특화한 핸드타월을 생산	

이 프레임워크는 회사가 돈을 벌어들일 수 있는 위치에 있는가를 알 수 있습니다.

찍 찍 찍

우선 전략 3유형이란 이 세 가지 입니다.

원가우위전략	차별화전략	집중화전략
저원가를 경쟁력으로 해서 시장에서 경쟁한다	부가가치를 더해 경쟁한다	틈새시장만을 타깃으로 경쟁한다

타월업계에서 '원가우위전략'이라고 생각할 수 있는 것이 저렴한 타월을 대량생산하는 전략입니다.

무조건 이득 / 완전 싸다

'차별화전략'은 독특한 디자인의 타월을 생산하는 전략입니다.

'집중화전략'에는 두 종류가 있습니다. 원가집중화전략은 저렴한 답례품용으로 생산해서 지역 기업에 납품하는 전략을 생각해볼 수 있습니다. 차별적집중화전략은 캐릭터 상품으로 특화하는 전략이 있을 수 있겠죠.

답례품 / WAN WAN

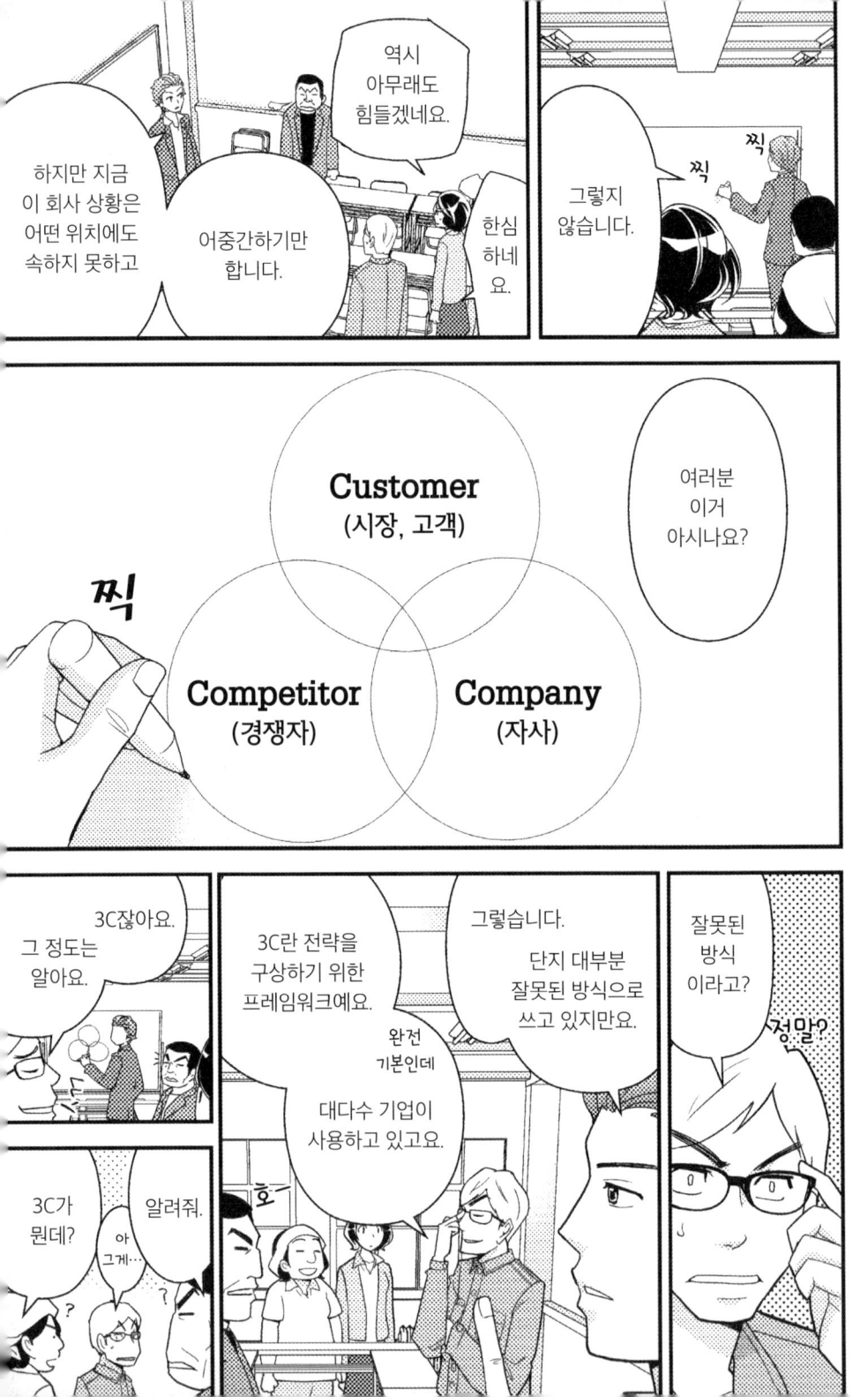

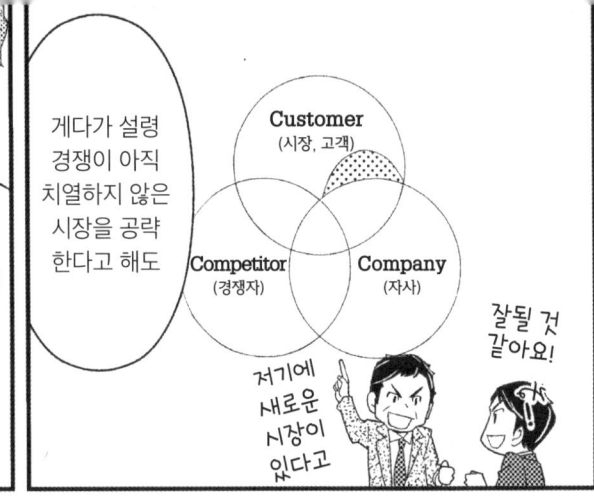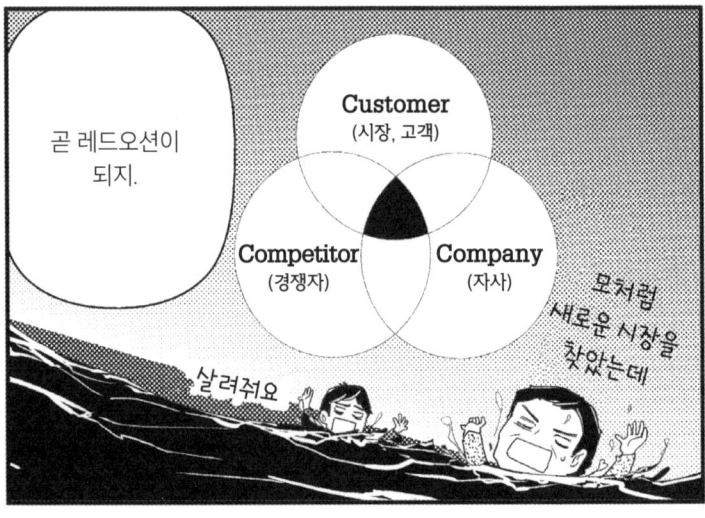

Customer
(시장, 고객)

Competitor
(경쟁자)

Company
(자사)

블루오션

Blue Ocean

여기야말로 이 회사를 살릴 시장이라고 말할 수 있습니다.

그… 그건…

결국

딱

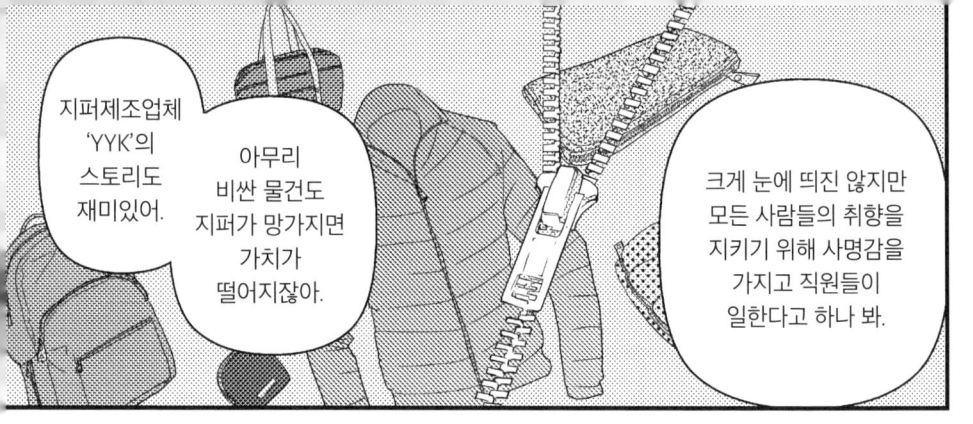

…

유일무이라…

답례품,
일용품…

탁

정말
그럴까요?

깜짝

!

여기엔
어디에나 있는
진부한 것밖에
없는데….

모모카 씨한테 듣기 전까지 잊고 살았어.

부드러운 타월에 싸인 듯한 행복감을 느꼈어요.

나는 그날 사장님께 타월을 받고

그 감동을 전하기 위해 이 회사에 들어왔죠.

그거야. 그것이야말로 내가 창업 했을 때 가지고 있었던 생각이지.

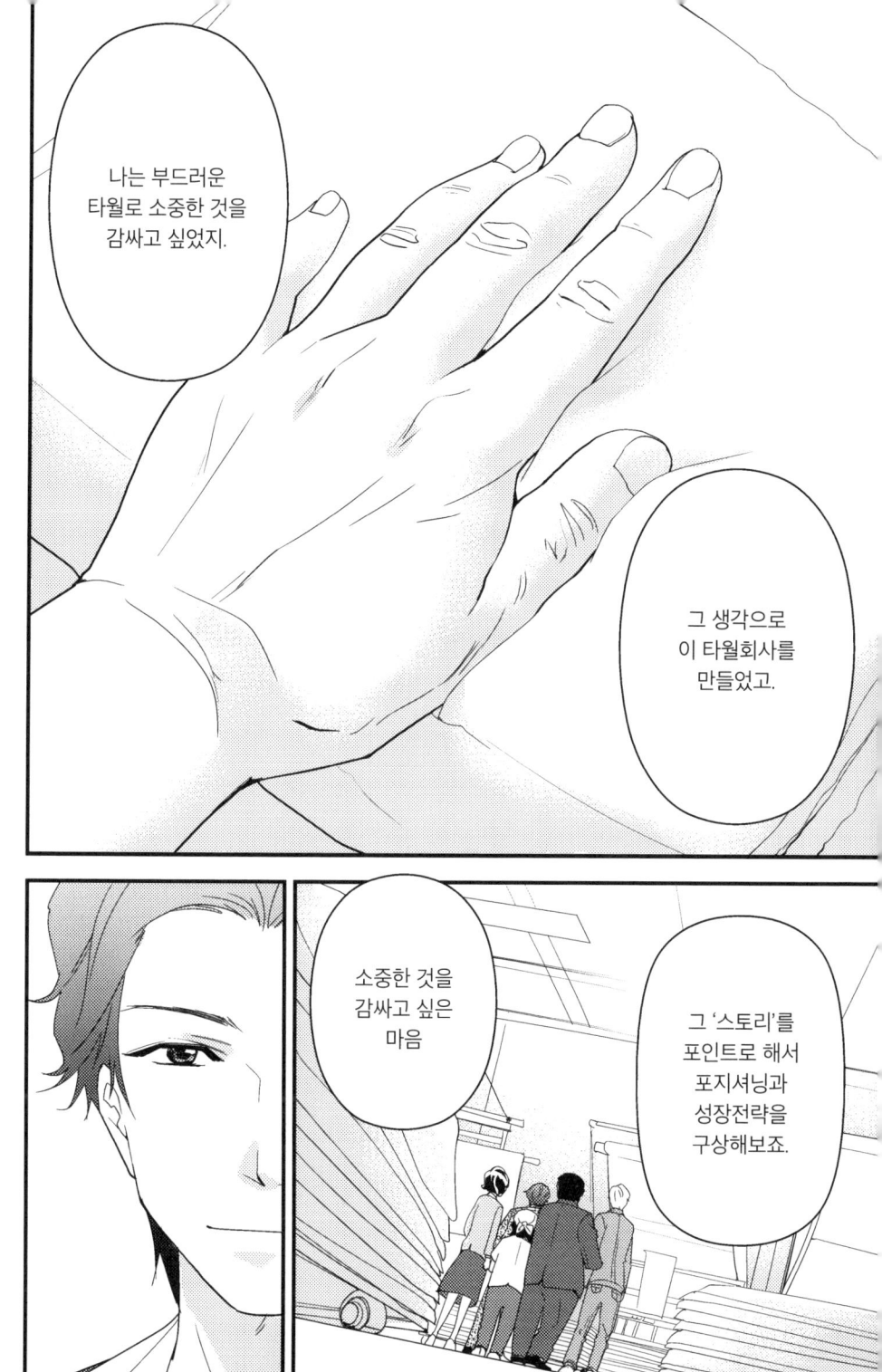

세계 최고의 경영전략가, 마이클 포터의 '5F 분석'

자사의 능력보다도, 위치에 대해 생각하다

하버드비즈니스스쿨의 유명 교수이자, 1980년에 『경쟁전략』을 출판한 이래, 오늘날까지 세계 경영전략이론을 리드하고 있는 HBS 마이클 포터 교수.

그의 『경쟁전략』 이전엔, 기업전략론이라고 하면 사람이나 물건 등의 경영자원을 시장상황이나 소비자에 가능한 한 적합하게, 상품가치를 낮추거나 해서 경쟁우위를 선점하는 방법이 주류였습니다.

하지만 마이클 포터 교수의 발상은 전혀 달랐습니다. 사내의 자원이나 전개되는 시장, 소비자뿐만 아니라, 산업 전체에 시야를 확대하는 전략을 세운 것입니다.

그러니까 산업 내에서, 자사의 위치(포지션)를 알아내어, 다른 경쟁사를 압도한다는 발상입니다. 이때부터 마이클 포터 교수는 '포지셔닝파의 챔피언'이라고도 불렸습니다.

그리고 경쟁사를 이길 전략을 세우기 위한 핵심 툴이 되는 것이 '5F 분석'이라 부르는 프레임워크입니다.

"세계 최고의 전략가" 마이클 포터의 경영전략 제1장

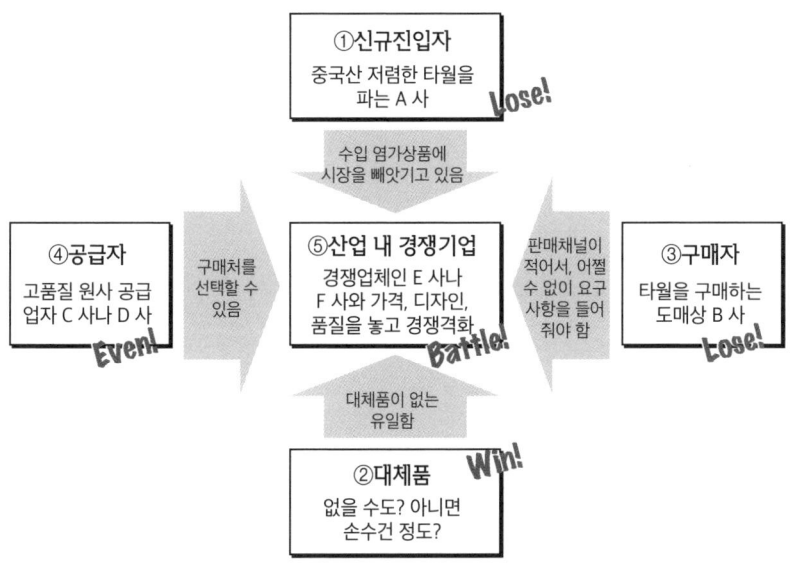

[그림1] 가가미타월로 본 타월업계의 5F 분석

HBS에서 파견된 멘토 아키토는 우선 이 프레임워크를 이용해, 타월업계의 현재 상황을 분석하고, 모두에게 설명했습니다(그림1).

5F 분석은, 자사의 업계 내 위치를 알아내거나, 기존 업계에 새로운 기업이 진입할 때 도움이 됩니다. 5F에서 F는 'Force'의 첫 글자이며 '영향력' 혹은 '압력'을 의미합니다.

기존 자사의 비즈니스 업계 혹은 신규사업 업계를 ①신규진입자, ②대체품, ③구매자, ④공급자, ⑤산업 내 경쟁기업이라는 다섯 가지 압력으로 분석하고, 그 매력도를 측정하는 것입니다.

그럼 모모카의 회사, 가가미타월을 통해 타월업계를 5F로 살펴보겠습니다.

①신규진입자는, 끊임없이 밀려들어 오고 있는 외국산 저가 타월에, 모모카의 회사가 만드는 '품질은 좋지만 인지도가 낮은' 상품의 시장은 계속 빼앗기고 있는 상황이었습니다. 즉, '패한Lose 상태'라고 할 수 있습니다.

　②대체품은, 타월을 대신할 것은 기본적으로 없습니다. 그런 의미에서 매력적인 상품이기 때문에 '이긴Win 상태'입니다. 굳이 하나 고르자면, 요즘에는 목욕을 끝내고, 전신 타월 대신에 얼굴 닦는 수건으로 마무리하는 사람도 있습니다. 그런 의미에서는 얼굴 수건이 대체품이 될 수 있을지 모르겠지만, 타월의 자리를 위협한다고는 말하기 힘듭니다. 타월은 유일한 상품이며, 승리한 상태라고 할 수 있습니다.

　③구매자는, 타월 구매자를 말하는 것으로, 모모카의 회사에서는 소비자에게 직접 판매하고 있지 않으며, 예전부터 거래해온 도매상에게만 판매하고 있습니다. 다른 직접적인 거래처가 있다면, 가격 흥정할 때도 좀 강하게 나갈 수 있겠지만, 가가미타월은 그럴 입장이 아니었습니다. 그렇기 때문에 '패배'라고 할 수 있죠. 지금은 구매자인 도매상에게 '좀 더 비싸게 사 줬으면 한다' 하고 말할 수 없는 상황입니다.

④공급자는 타월업계에선 원사공급자를 가리키는 것이겠죠. 실을 만드는 업체가 다수 있으며, 품질에 따라 선택 가능하며, 수입해서 사용할 수도 있습니다.

반면, 원사를 공급하는 업체에서도 무수히 많은 제조업자 중에서 거래처를 선택할 수 있는 상황입니다. 그렇기 때문에 '대등Even한 관계'라고 할 수 있습니다.

그리고 ⑤산업 내 경쟁기업은, 라이벌 타월제조회사를 가리킵니다. 모모카의 회사가 있는 지방도시에는, 타월을 제조하고 판매하는 회사가 여럿 있으며, 가격, 품질, 디자인으로 서로 경쟁하고 있는 상황입니다. 그렇기 때문에, 과도한 경쟁이 벌어지고 있다고 보고, '경쟁Battle 상태'입니다.

여기까지 봤을 때, 타월업계를 어떻게 평가하면 좋을까요?

눈에 띄는 대체상품이 없는 것은 큰 매력입니다. 하지만 구매자인 판매채널이 도매상에 한정되어 있는 점, 저가의 수입 상품이 신규진입하고 있는 점, 산업 내 경쟁도 치열하다는 점에서, 멘토 아키토는 타월업계를 '매력도가 높지 않다' 하고 판단했습니다.

신규진입하는 비즈니스에서 활용할 수 있는 5F 분석

  신규진입을 검토하는 업계에 대해서, 5F 분석을 활용한 예를 보도록 하겠습니다.

  다음은 저가 햄버거를 경쟁력으로 한 가게가 버거업계에 신규진입을 검토하며 파악한 동 업계의 5F 분석입니다(그림2).

  ①신규진입자로는 해외 고가 햄버거 체인점의 국내 진출을 들었습니다. 미국 뉴욕에서 인기 있는, 건강함을 지향하고 본격적인 맛을 강점으로 한 '쉐이크쉑'이나, 미국 사우스캘리포니아에서 시작된 '칼스 주니어' 등이 해당합니다. 전자는 2015년 11월 메이지진구 가이엔에, 후자는 2016년 3월 아키하바라에 각각 1호점을 오픈해 화제가 되었습니다.

  이 고가의 신규진입자가 화제가 되는 가운데, 저가의 햄버거가게는 손님으로부터 지지를 얻을 수 있을까요? 전략이 없으면 꽤 혹독한 싸움이 예상됩니다.

  ②대체품은, 저렴한 가격으로 가볍게 먹을 수 있다는 점에서 소고기 덮밥 업체를 들 수 있습니다. 또 최근 일본에서 늘어나고 있는 케밥집도

"세계 최고의 전략가" 마이클 포터의 경영전략 제1장

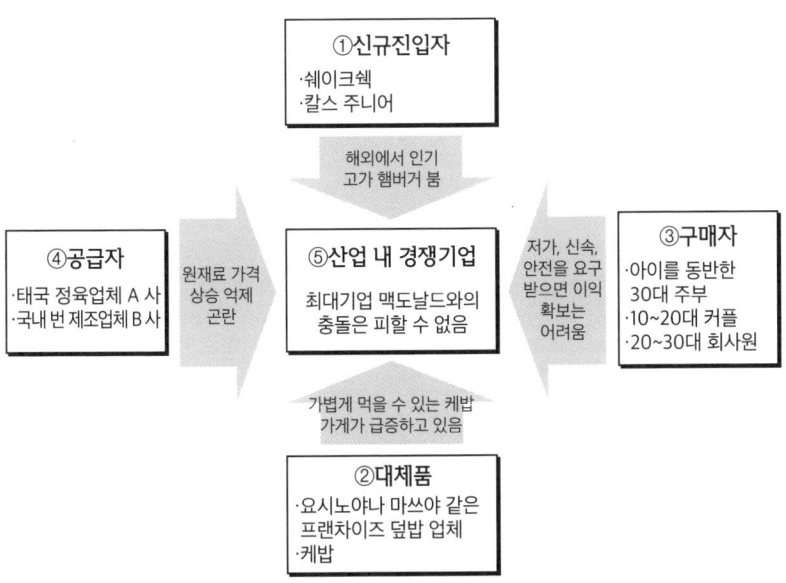

[그림2] 신규진입을 검토하고 있는 회사가 본 햄버거업계의 5F 분석

들 수 있겠죠. 케밥은 젊은층에게 인기 있는 뮤직페스티벌에서도 노점 기본 메뉴가 되어 있으며, 프랜차이즈 점포 등 각지에서 케밥가게를 볼 수 있게 되었습니다.

가게 단위로 보자면 위협이 될 만하진 않지만, 케밥업계 전체로 보면, 햄버거업계에서도 무시할 수 없는 존재가 되었습니다.

③구매자는, 개인 소비자입니다. 햄버거는 저렴하고 빨리 먹을 수 있다는 점 말고도, 맥도날드가 문제 있는 식재료를 사용한 사건을 계기로 안전성도 강조됩니다.

이러한 요구에 전부 응하게 되면 이익을 남기기 어렵습니다. 최근 맥도날드는 높은 가격의 상품을 개발하는 데 힘을 쏟고 있는데, 신규진입할 때

저가의 햄버거를 내세운다면, 이익을 확보하는 것은 어려운 상황이라 할 수 있습니다.

④공급자는 원자재 생산자입니다. 점포 수에 따라 다르겠지만, 안정적으로 자재를 공급받기 위해, 복수의 공급업체를 확보해둬야 합니다. 앞서 언급했던 안전과 위생은 생산자에게도 요구됩니다. 게다가 거래가격을 결정할 때, 너무 낮은 가격으로는 거래가 성립되지 않을 수 있습니다. 저가의 햄버거를 만들기 위해선 원재료 값을 최대한 줄이고 싶겠지만, 생각만큼 쉽지 않을 것입니다.

마지막으로 ⑤산업 내 경쟁기업을 보면, 맥도날드, 모스버거, 롯데리아, 버거킹, 프레시니스버거 등 기존 햄버거업체와 싸워야 합니다. 저가 버거를 내세운다고 하면, 햄버거 최대 기업인 맥도날드와 충돌은 피할 수 없으며, 어떻게 싸워야 할지 전략이 필요하게 됩니다.

이상으로 5F 분석 결과, 이 회사는 저가 햄버거로 시장진입을 포기했습니다.

신규진입을 할 때는 이처럼 업계에 진입해서 수익을 낼 수 있을지 봐야

제1장 "세계 최고의 전략가" 마이클 포터의 경영전략

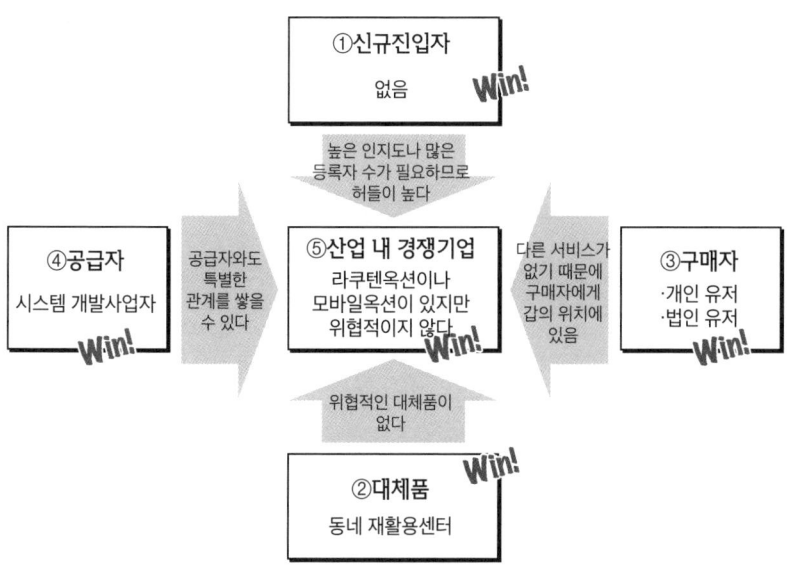

[그림3] 야후로 살펴본 개인 간 상거래 중개 플랫폼 업계의 5F 분석

합니다. 그렇지 않다면 신규진입을 포기하는 것도, 비즈니스전략으로서 중요합니다.

시대에 따라 변하는 5F 분석 결과

또한, 이 5F 분석 결과도 시대에 따라 변한다는 예도 소개하겠습니다.

일본 국내 최대 옥션사이트 '야후옥션'을 운영하는 야후를 비롯해, 온라인상에서 소비자간 상거래를 이어주는 플랫폼 업계는 5F로 보면, 어떨까요?(그림3)

우선 수년 전의 상황을 살펴보겠습니다.

①법규제가 심하진 않지만, 신규진입하기 위해서는 높은 인지도나 나름대로 등록자 수가 요구됩니다. 이것이 비즈니스 진입장벽으로 작용하고 있고, 최대 업체인 야후에 있어서는 '이긴 상태'입니다.

②대체품(대체 서비스)은, 동네에 있는 재활용센터가 될 수도 있습니다. 재활용센터에 팔면 옥션사이트에 올리는 과정이 필요 없다는 장점이 있지만, 가게까지 들고 가야 하는 수고나 구매해주지 않으면 다시 들고 돌아와야 하는 번거로움을 생각하면, 인터넷에 올리는 작업이 그렇게까지 장벽일까 하는 생각이 들기도 합니다.

또, 개인끼리 직접 매매하기 때문에, 재활용센터에서 거래하는 것보다도 구매자는 저렴한 가격에 구입할 수 있습니다. 그러므로 재활용센터는 위협이 되는 대체 서비스가 아니며, 야후에게 있어서 '이긴 상황'입니다.

③구매자는 '야후옥션' 서비스를 이용하는 개인이나 업자라고 할 수 있습니다. 다른 서비스가 있다면, '좀 더 수수료를 인하해달라'라는 소비자의 요구에 응할 필요가 있겠지만, 대체 서비스라 할 만한 다른 서비스도 없고, 후술하겠지만 위협이 될 만한 라이벌도 없는 상황입니다. 그렇기 때문

"세계 최고의 전략가" 마이클 포터의 경영전략 제1장

에 구매자에게도 갑의 위치에 있을 수 있습니다. 실제 야후는 이용자 수수료를 인상한다고 발표하기도 했습니다. '이긴 상태'라고 할 수 있습니다.

④공급자는, 거래가 인터넷 공간에서 이뤄지고 있기 때문에, 없다고 생각될지도 모르지만, 굳이 이야기하자면 시스템개발업자라고 할까요? 자사에서 개발했는지, 타사에서 개발했는지는 모르겠으나, 이 역시 최대 옥션 사이트의 입장에선 위협이라고 볼 수 없습니다. 이 역시 '이긴 상태'입니다.

마지막으로 ⑤산업 내 경쟁기업은, 라쿠텐옥션이나 DeNA모바일옥션이 동종업계 경쟁사입니다. 하지만 업계 최대 기업인 야후에게는 위협이 되지 못합니다. 실제 라쿠텐옥션은 야후옥션과의 이용자 수 차를 좁히지 못하고, 2016년 10월에 서비스를 종료했습니다. 모바일옥션은 많은 유저가 젊은 여성인 듯하나, 이 역시 야후옥션에 비할 바 못 됩니다. 압도적인 업계 1위이므로 '이긴 상태'입니다.

이렇게 보면, 야후옥션을 비롯한, 개인간 상거래 중개 플랫폼 업계는 항상 '이긴 상태'인 것 같지만 재미를 볼 수 있는 업계라고 할 수 없습니다.

반면 다른 업자나 신규진입업체 입장에서 보면, 업계 내 경쟁에서 압도적

1위인 야후옥션과 경쟁해야 하는 상황이니, 그다지 매력이 있는 업계라고 할 수 없습니다.

야후옥션 앞에 갑자기 나타난 대체 서비스

개인 간 상거래 중개 플랫폼 업계는, 오랫동안 야후옥션 1강체제였으나, 메루카리mercari라는 서비스가 등장해 변화가 일어나고 있습니다.

메루카리는 소비자간 상거래를 중개하는 플리마켓 애플리케이션으로, 야후옥션의 경쟁업체, 혹은 대체 서비스라고 할 수 있습니다. 소비자가 스마트폰으로 옮겨가고 있는 흐름을 잘 이용했으며, 독자적인 서비스를 도입해, 스마트폰 플리마켓 애플리케이션 1위를 차지했습니다.

이 서비스는 종래의 옥션 형식이 아니라, 가격을 정해서 내놓는 형식으로 특화되어 있습니다. 그렇기 때문에, 굉장히 빨리 팔리는 경우가 많고, 그 중 약 절반이 내놓은 지 24시간 이내에 거래완료됩니다. '가지고 싶다고 생각하면 바로 살 수 있고, 내어놓으면 바로 팔리는 서비스감'이 경쟁력이라고 제창합니다. 이는 종료시간까지 가격으로 경쟁해야 하는 옥션과는 구

"세계 최고의 전략가" 마이클 포터의 경영전략 **제1장**

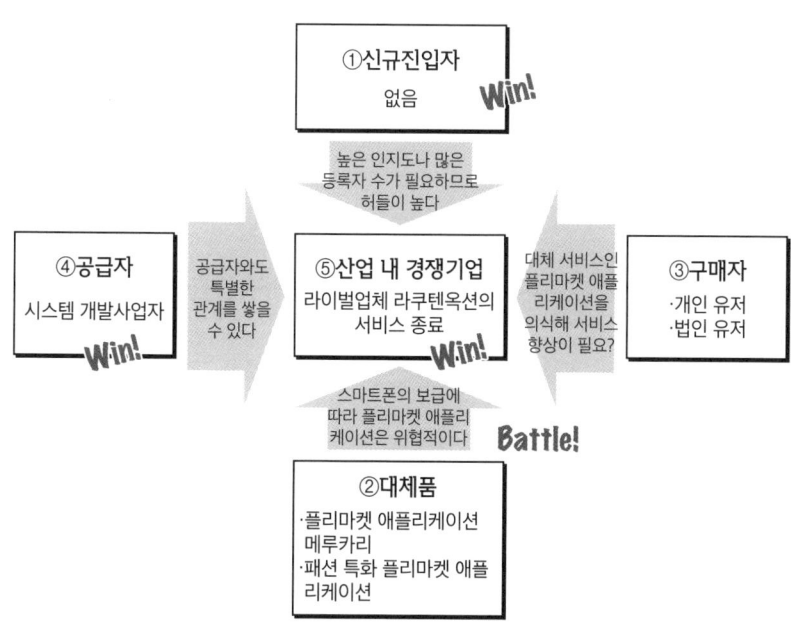

[그림4] 야후로 살펴본 개인 간 상거래 중개 플랫폼 업계의 5F 분석

분되는 서비스입니다.

 게다가 대금을 치렀는데 물건이 오지 않는 사기사건이나, 망가진 물건이 도착한 사고가 옥션 서비스에서는 심심치 않게 있었지만, 메루카리는 개인 간 대금 거래에 개입해, 판매자와 구매자가 서로 평가를 끝낸 다음 판매자에게 돈이 지불되는 시스템을 도입했습니다. 이래서 구매자는 서비스를 신뢰할 수 있고, 이용자는 점차 늘 것이고, 많은 사람들이 오랜 기간 이용할 것입니다.

 신규 서비스 때문에 앞으로 어떻게 될지 모르겠지만, 인터넷을 통한 개인 간 상거래 중개 플랫폼 업계의 5F는 그림4와 같습니다.

 업계 내 경쟁에서 라쿠텐을 이긴 야후이지만, 대체 서비스인 플리마켓 애플리케이션 메루카리의 등장은 야후에게 위협이겠죠. 실제로 야후는 메루카리 서비스를 의식해 정액출품을 간단하게 할 수 있는 서비스를 도입했습니다. 대체 서비스가 대두하는 가운데, 고객들이 그쪽으로 눈을 돌리는 일이 없도록 변하고 있는 것이겠죠.

이처럼 5F 분석은 업계에 새로운 등장인물이 나타나게 되면 바뀌어갑니다. 한번 5F 분석을 했다고 해서 끝나는 것이 아니라, 주변의 상황 변화에 관심을 두고, 필요하다면 수시로 5F 분석을 진행할 필요가 있습니다.

'전략 3유형'으로 우위를 점하다

수익을 얻는 전략 세 가지

　마이클 포터 교수는 자사 상품 및 서비스를 방어할 땐, '①신규진입이 힘든 상황을 만든다' '②대체품이 없는 독자성을 추구한다' '③구매자가 쉽게 옮겨가지 못할 상황을 만든다' '④공급자와 특별한 관계를 쌓는다' '⑤경쟁자보다 우위를 유지한다', 이 다섯 가지가 중요하다고 했습니다.

　하지만 5F만으로는, 기업이 해당 업계에서 수익을 낼 수 있느냐 없느냐 정도밖에 분석할 수 없습니다. 그래서 마이클 포터 교수는 해당 업계에서 기업이 어떠한 위치에 있어야만 수익을 남길 수 있는지 제시했습니다. 그것이 경쟁우위를 만들어낸 세 가지 기본전략(전략 3유형)입니다.

　이 프레임워크를 사용하면, '자사가 돈을 벌 수 있는 포지션은 어디인가?'를 간단하게 찾아낼 수 있습니다. 세 가지 전략이란 ①원가우위전략, ②차별화전략, ③집중화전략입니다. ③집중화전략은 원가우위집중화전략과 차별적집중화전략으로 나뉩니다.

　이것을 그림5처럼 목표로 하는 시장의 크기(넓다·좁다)와, 경쟁우위의 원천으로서 원가우위, 차별화(특이성)를 축으로 표를 만듭니다. 참고로 이와 같

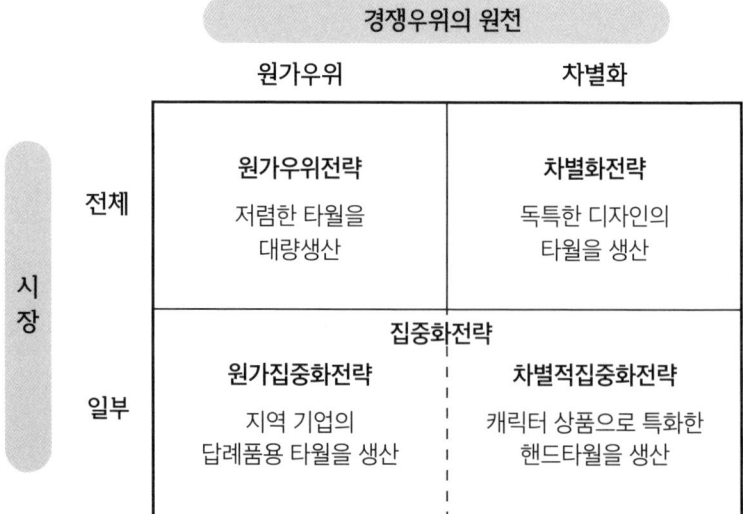

[그림 5] 타월업계의 전략 3유형

은 표는 '매트릭스' '2×2매트릭스'라고 부릅니다.

그럼 모모카 회사의 타월은 가격과 기능이 그냥저냥 높은 수준이지만, 대상이 되는 고객의 시장은 일반 가정용이며, ①~③ 중 어떤 전략에 들어맞을지 애매모호합니다.

원가우위전략이라면 수입 상품만큼 저렴하게 팔지 않으면 안 됩니다. 차별화전략이라면, 뛰어난 흡수성이나 건조성 등 기능이나, 특이한 디자인으로 특수성을 더할 필요가 있을 것입니다.

또, 원가집중전략이라면 지역 기업의 저렴한 답례품 납품에 특화시키거나, 차별적집중전략이라면 아이들에게 인기 있는 캐릭터 상품을 제작하는 전략이 필요할 듯합니다.

"세계 최고의 전략가" 마이클 포터의 경영전략 **제1장**

　여기까지 보면 모모카 회사 제품의 판매가 왜 좋지 않은지 대략 알 수 있습니다. 가가미타월은 점점 경영이 어려워지고 있는 상황이겠죠.

타월업계에서 차별화전략을 실시한 이마바리타월의 성공사례
　전략 3유형을 통해 원가를 낮추거나, 기능을 높여 차별화하거나, 디자인으로 특수성을 더하거나, 저렴한 증정품으로 특화시키는 등의 전략을 생각해볼 수 있었습니다.
　그럼 타월업계의 성공모델이라고 일컬어지는 이마바리타월은 어떨까요? 1980년대까지 에히메현 이마바리시의 주력산업은 타월을 제조하는 것이

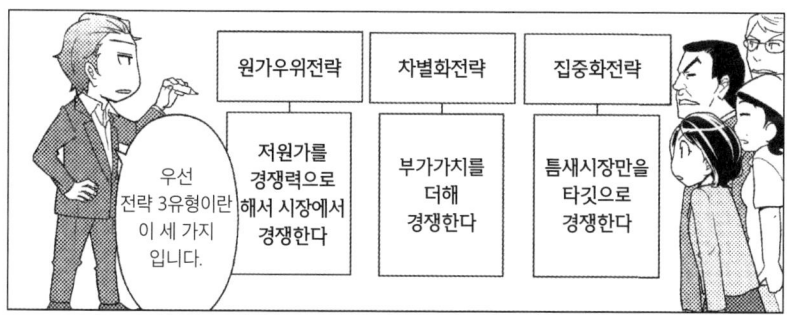

었습니다. 그 후, 값싼 해외 타월이 수입되기에 이르러, 생존의 기로에 서게 됐습니다. 그래서 지역 업계 단체가 모여 11개 항목의 독자 품질 기준을 설정하고, 이를 충족한 상품만 '이마바리타월'이라는 통합 인증 브랜드마크 사용을 허가한 것입니다.

　이 인증마크전략으로 고품질 이마바리타월은 도쿄 진출에 성공했고, 지방 주력산업의 소멸 위기를 극복했습니다. 이는 고품질의 상품과 그 브랜드화가 성공했다는 차별화전략의 전형적인 사례라고 할 수 있습니다.

　하지만 모모카의 회사에서 지역 동종업계 회사들과 고품질 상품 인증 브랜드를 만든다는 전략을 실행한다 한들, 이마바리타월 같은 선행사례가 있으니 차별화시키는 것도 아닙니다. 한층 더 품질을 높이는 것 역시, 가가미타월에겐 기술적으로 어려워 보였습니다.

　그럼 라이벌이 따라올 수 없는 상품을 만들기 위해서 어떻게 하면 될까요? 그것이 아키토 멘토가 언급한 '유일무이한 타월을 만드는 것'입니다.

포지션으로 생각하는 블루오션전략

인시아드발 블루오션전략

유일무이하다고 해서, 흠뻑 젖은 타월이 눈 깜짝할 새 말라버리는 혁신적인 신기술이 필요하다는 말이 아닙니다. 만화에서는 마이클 포터 교수가 입버릇처럼 말하는 포지셔닝이라는 개념으로 경쟁자들이 따라올 수 없는 위치를 찾아냈습니다.

'블루오션' '레드오션'이라는 말을 들어본 적 있습니까?

이 말은 HBS가 아니라, 프랑스 경영대학원 인시아드INSEAD의 김위찬 교수와 르네 모보르뉴 교수가 쓴 『블루오션전략』에서 유래했습니다.

블루오션전략의 핵심은 기업이 생존하기 위해, 블루오션이라는 포지션을 만들고, 소비자에게 저원가로 고부가가치 상품을 제공하여 이윤의 극대화를 노리는 것입니다.

그러니까 파도도 치지 않는 푸른 바다에서 살 수 있도록, 새로운 시장을 찾아야 한다는 말입니다. 그러기 위해선, 예를 들어 AI를 도입하거나 해서, 원가를 맞추는 동시에 고객가치를 높이는 노력이 필요합니다. 이를 가치혁신이라고 말합니다.

블루오션전략의 사례를 닌텐도 Wii의 성공 예시를 통해 살펴보도록 하겠습니다.

게임업계는 기존 유저들의 기대에 부응하고자 그래픽에 사활을 걸었습니다. 하지만 닌텐도는 이러한 흐름에 제동을 걸고, 지금까지 게임을 해오지 않았던 사람이라도 조작할 수 있는 Wii 리모컨을 컨트롤러로 하는 전략을 취했습니다. 그리고 게임 유저나 어린아이들뿐만 아니라, 폭넓은 세대에서 접근할 수 있는 새로운 게임시장을 만들었고, 성공하게 된 것입니다. 일부 게임 유저들만 즐겼던 게임시장 전체를 바꿔, 블루오션을 만들어낸 사례입니다.

일반적으로 블루오션을 찾아내는 방법론으로서 알려져 있는 것은, 기존 상품이나 서비스에서 어떤 요소를 ①줄이고, ②제거하고, ③늘리고, ④덧붙이는 것입니다.

Wii의 경우는 고화질이라는 요소를 줄이고, DVD 시청 기능을 없앴으며, 누구든 쉽게 조작할 수 있는 리모컨형 컨트롤러를 더해 가치를 올렸고, 성공한 것입니다.

[그림6]

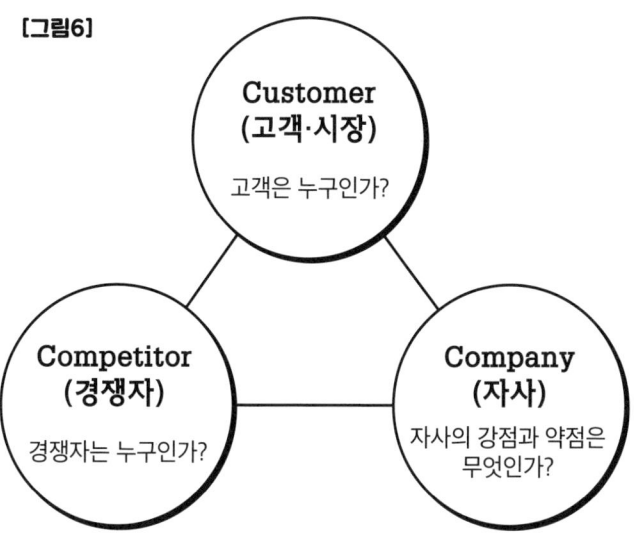

다른 예시로는 1,000엔 커트 QB하우스가 바로 그것입니다. 헤어샵에 빠뜨릴 수 없는 샴푸 설비를 없애고, 대신에 청소기 형태의 에어워셔를 설비해, 가격도 내리고, 단시간에 이발이 가능하도록 만들었습니다.

3C로 생각하는 블루오션전략

하지만 갑자기 이런 가치혁신을 실현하고자 한다 해서, 다시 말해 블루오션이 될 만한 아이디어를 찾기란 쉽지 않을 것입니다.

그래서 그 첫걸음을 생각하는 툴로서, 아키토가 가지고 온 것이 3C라는 분석 툴이었습니다. 3C란 ①고객Customer, ②경쟁자Competitor, ③자사 Company, 이 세 가지를 가리킵니다.

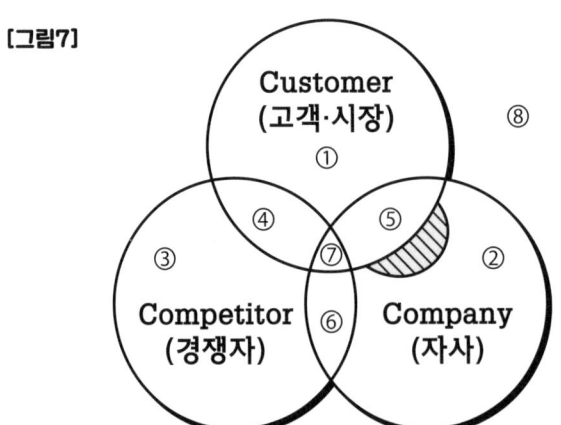

[그림7]

각각 분면의 설명

①기존고객, 기존시장이지만 어디나 접근 가능하지 않은 영역
②자사의 기술이나 강점을 발휘할 수 있는 범위
③경쟁자가 자신의 기술이나 강점을 발휘할 수 있는 범위
④경쟁자가 차지하고 있지만 자사는 점유하지 못한 기존시장
⑤자사가 거점으로 삼고 있는 기존 시장
⑥자사와 경쟁자가 경쟁을 벌이는 기술이나 강점
⑦경쟁자와 경쟁을 벌이는 기존 시장
⑧자사도 경쟁자도 진입하지 않았으며, 기존 시장도 아님

이것으로 ①고객은 누구인가, 고객의 범위를 어디로 좁혀야 하는가, ② 경쟁자와 어떻게 차별화할 것인가, ③자사의 강점은 무엇인가를 생각하는 것입니다. 이 3C는 그림6처럼 그리며, 오랫동안 HBS에서도 신규전략안의 기본 툴로서 활용되고 있습니다.

아키토가 화이트보드에 그린 표는 세 원이 그림7처럼 겹쳐 있습니다. 이것은 제가 실제로 기업연수나 업계분석을 할 때, 보다 실용적으로 쓸 수 있도록 개량한 표입니다. 포지셔닝이라는 개념을 사용했다는 점에서 하버드적인 표라고 할 수 있겠죠.

이 그림은 고객, 경쟁자, 자사, 이 세 가지를 독립적으로 보는 것이 아니라, 원으로 해서 겹친 것입니다. 그러면 그림처럼 주위 공백을 포함해서, 총 8개의 분면으로 나닙니다.

사실 이 여덟 가지 포지션의 의미가 굉장히 중요합니다. 우선 레드오션이라 불리는 곳은 중앙의 ⑦입니다. 여기는 큰 시장이긴 하지만, 경쟁자가 많기 때문에, 경쟁을 피하기 어려운 구역입니다. 이 레드오션을 전장으로 해서 이기려면 압도적인 힘이 필요합니다.

과도한 경쟁이 전개되는 업계에서는, 가격인하 경쟁이 일어나거나, 종업원에게 과도한 부하가 일어나기 쉬우며, 어떻게든 전략을 세우지 않으면 체력소모전이 계속되기 마련입니다. 그 결과 붉게 물든 바다 속에서 승자가 아무도 없는 상황이 되고 말죠.

반면 가장 이상적인 영역은 고객이 있고, 게다가 자사의 강점으로 시장에서 독보적 위치를 차지한 상태인 ⑤입니다.

또 고객은 요청하고 있으나, 아직 어떤 회사도 손대지 않은 영역이 ①이고, 기존 시장이 아니며, 자사도 경쟁사도 진입하지 않은 구역이 ⑧입니다. 이곳을 개척하면 새로운 시장이 생길지도 모릅니다.

이 그림을 이용해 생각하면, 다양한 방향으로 심도 있게 생각할 수 있습니다. 예를 들어, 경쟁사와 고객이 이미 존재하지만, 자사는 진입하지 않은 ④라는 구역이 있습니다. 여기에 진출하면 레드오션이 될 가능성이 있지만, 자사의 강점을 어떻게 살리느냐에 따라 현실적인 전략이 될 수도 있겠죠.

아키토와 모모카가 노리는 '유일무이한 타월'은 자사의 강점을 살리거나, 강화하면 ⑤의 상황으로 가지고 갈 수 있습니다. 그때 종래의 '고객의 시선'에서 바라보는 방법론이 아니라, 자사의 강점이 과연 무엇인가에 착안해, 그 강점을 살려 새로운 시장을 만들고, 고객을 그쪽으로 끌어들인다는 전략을 아키토는 소개했습니다. 잘만 진행되면 ⑤의 영역이면서도 빗금 칠한 곳에 들어갈 수도 있다는 것 역시 지적했습니다.

회사의 '스토리'를 찾아라!

회사의 뿌리에 있는 스토리란?

아키토는 유일무이한 타월을 생각하는 데 있어서, '회사의 스토리를 찾아주세요' 하고 말했습니다.

그때 직원 중 한 명인 스에히로가 핵심 경쟁력 이야기를 꺼냈습니다. 핵심 경쟁력이란 고객에게, 타사에서 따라 할 수 없는 자사 나름대로의 가치를 제공하는 것, 기업의 중핵적인 힘을 말합니다. 1990년, 게리 하멜과 프라할라드가 「하버드비즈니스리뷰」에 기고한 논문에 등장하는 개념입니다. 예를 들어, 소니라면 소형화 기술, 도요타라면 원자재 조달부터 고객에게 전달되기까지의 기업활동(밸류체인) 전체를 시스템화하는 힘이 핵심 경쟁력입니다.

하지만 아키토가 말하는 것은 그러한 자사의 강점이 아닙니다. 좀 더 깊이 들어가 회사의 이념, 즉 '기업정신 안에서 뜨겁게 솟아오르는 이야기'입니다.

이것은 창업이념과 비슷한 이야기입니다. 당장 눈앞의 시장 동향에 우왕좌왕하는 것이 아니라, 처음부터 어떤 생각으로 회사를 시작했는지에 관한 것입니다. 혹은 회사를 만들 때 특별한 이념 같은 게 없었다고 해도, 회사가 발전해가는 과정에서 생긴 '우리 회사의 역할은 무엇인가' 하는 이야기입니다.

창업자가 남긴 기록을 거슬러 올라가 보거나, 사훈이나 비전으로부터 깨닫는 경우도 있습니다. 만화처럼 조직에 속해 있어서 깨닫지 못하는 일도 많기 때문에, 외부에서 온 신입사원이나 단골고객에게 들어서 깨닫는 경우도 있죠.

모모카는 사장과 처음 만났을 때, 타월에 감싸여 행복감을 느꼈던 것을 생각해냈습니다. 그 이야기를 사장에게 하니, 그 역시 '부드러운 타월로

"세계 최고의 전략가" 마이클 포터의 경영전략 **제1장**

소중한 것을 감싸고 싶다. 그 생각으로 타월회사를 만들었다'라며 창업한 이유를 떠올렸습니다.

그리고 아키토는 이 스토리를 베이스로 자사의 업계 내 포지셔닝과 성장 전략을 생각하기로 합니다.

그럼 과연 회사의 스토리는 어떻게 구체적인 전략으로 발전되어, 상품의 형태를 바꿔갈까요?

제2장

"마케팅계의 드러커" 시어도어 레빗의 마케팅전략

회사 저변에 있는 스토리를 찾아, 실제로 신상품 개발에 착수하는 모모카 회사 사람들.
그러던 중 프로젝트팀의 주요 멤버인 미타가 빠지게 된다. "타월가게에서 벗어나야만 한다"라며 아키토는 조언을 하지만, 모모카 회사 사람들은 무사히 신상품을 개발할 수 있을 것인가?

그건 타월에 구애받을 필요가 없다는 건가요?

마케팅 근시안에 빠지면 우리는 흔한 타월밖에 만들지 못합니다.

그렇습니다.

그런 건…

전혀 생각 못 했네…

그럼 회사 사람들의 아이디어를 빌려보면 어떨까요?

무슨 말이에요?

…

전 직원의 의견을 받아 보는 겁니다.

하버드에서도 너덧 명으로 나뉘어 브레인스토밍을 합니다.

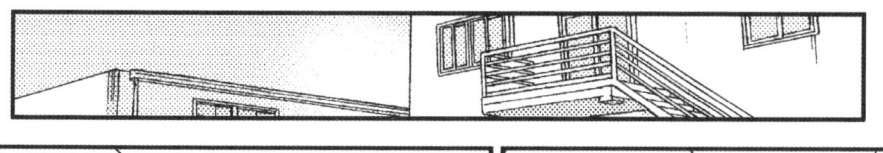

발매 당시엔 아직 개선의 여지가 있는 보급 수첩이었지만 매년 고객의 의견을 반영해 개선해가고 있습니다.

게다가 수첩 만들기의 프로가 하기 쉬운 고기능화와는 다른 개선방식입니다.

짜잔

뭐든 할 수 있는 고기능 수첩

사소한 수첩

네? 여러 가지를 추가하면 더 좋아할 것 같은데요…

레빗은 고객이 무엇을 원하는지를 생각해야 한다고 했습니다.

찍 베네피트 찍 다시 등장

왜냐하면 고객은 제품 자체를 원하는 게 아니라, 제품을 얻음으로써 따라 오는 베네피트나 가치를 원하기 때문이죠.

그러니까 아무리 기능이 많이 있어도 정말 고객이 그것을 원한다고는 할 수 없다는 건가.

말씀대로 입니다.

정답

찍

찍

화들짝

아키토 씨! 왜 거기에 있어요!?

신경 쓰여서요.

마음은 알겠지만

미타 씨는 아직 타월가게 마인드예요.

하지만 미타 씨에게 룸웨어 준 건 잘했어요.

네?

행복감을 느낀 스토리를 들을 수도 있겠어요.

미타 씨는 101번째 페르소나예요.

'마케팅 근시안'이란?

스타벅스가 유일무이한 이유

　새로운 제품개발을 시작함에 있어서, 멘토 아키토로부터 '회사의 스토리를 생각해보세요'라고 요청받은 모모카. 그 스토리란 '회사의 목적의식'이나 '창업이념' 등, 창업정신에서 뜨겁게 분출된 이야기입니다.

　스토리는 '업계 1위' 등의 목표, 혹은 '독자적인 친환경 기술' 등 핵심 경쟁력과는 다릅니다.

　기능이나 디자인, 외양이나 광고, 판매방식 고안으로 팔리는 상품이 만들어지는 시대는 이미 지났습니다.

　회사의 팬을 얼마만큼 확보하느냐가 비즈니스의 본질입니다.

　비즈니스플랜은 새로운 기능이나 기술, 판매방법 등으로부터 얼마든지 그릴 수 있습니다만, 고객이 그 상품의 가치관에 공감해주지 않으면, 히트하기란 어려울 것입니다.

　아키토는 고객을 무시해도 된다고는 하지 않았습니다. 그것이 아니라 '우선 고객의 시선이 아니라 자사의 시선으로 상품을 만들어 고객을 끌어들여야 한다'라고 말했죠. 즉, 자신들이 뭐 하는 사람인가를 진지하게 고민하고, 그 스토리를 따라 상품을 제공하고, 고객에게 공감을 얻는 것입니다. 기능이나 디자인 같은 요소보다도, 이러한 스토리가 타사와 차별화되는 것입니다.

그리고 그 스토리가 우선 사내에서 공유되고, 소비자에게 널리 전달되면, 고객(팬)이 생기고, 물건이 팔리게 됩니다.

스타벅스의 사례를 살펴보겠습니다.

스타벅스는 그냥 보기엔 카페이지만, 고객에게 맛있는 커피를 많이 파는 것만 주로 생각하는 것은 아닙니다. 집(=제1의 장소)도 아니고 직장(=제2의 장소)도 아닌 '제3의 장소를 제공하는 것'이 회사의 근간이 되는 스토리입니다. 그렇기 때문에, 맛있는 커피를 개발하는 것뿐만 아니라, 자리를 넉넉하게 배치하고, 인터넷을 이용할 수 있는 환경을 조성하고, 마음 편안한 공간을 만든 것입니다. 이를 가능하게 하는 것이, 언뜻 비효율적으로 보이는 직영점 제도입니다. 프랜차이즈화하면, 오너는 회전율을 생각할 수밖에 없으니, 오래 있기 어려운 공간을 만들려고 할 것입니다.

스타벅스가 유행해서, 비슷한 가게가 우후죽순 늘어났습니다. 하지만 흉내를 낼 수 있는 것은 인테리어나 커피 메뉴 구성 일부입니다. 스타벅스의 근간에 있는 스토리 전체를 따라 하는 것은 쉽지 않습니다. 이 스토리 전체가 스타벅스를 다른 카페와 차별화하고, 유일무이한 존재로 만드는 것입니다.

따라서 스토리란, 브랜드의 이야기입니다.

만만치 않은 경쟁자가 있는 이상, 자사가 독자적으로 제공할 수 있는 무언가가 없으면, 고객은 생기지 않습니다. 하지만 그렇다고 갑자기 우위를 점할 수 있는 독자적인 가치나 핵심 경쟁력이 생기는 일은, 유감이지만 그럴 일은 쉽게 일어나지 않습니다.

반면 스타벅스의 사례로 비추어보면 알 수 있듯이, 회사가 가진 스토리가 매력적이면, 그것만으로 타사와 차별화할 수 있습니다.

제품중심에서 고객중심으로

그럼 아키토는 왜 타월제조회사가, 타월을 제조하지 않아도 좋다고 조언한 것일까요?

제2장 "마케팅계의 드러커" 시어도어 레빗의 마케팅전략

여기서 HBS 명예교수인 '마케팅계의 드러커' 시어도어 레빗이 등장합니다. 레빗 교수는 '고객중심이 아니라 제품중심으로 생각하면 사업은 쇠퇴한다'는 것을 간파했습니다.

제품중심의 예를 들어볼까요? 철도회사라면 자신의 사업을 철도를 까는 것, 전차를 만드는 것이라고 정의하는 것입니다. 어디까지나 자신들을 철도제조업이라고 보는 것이죠. 이래서는, 지금보다 두 배 긴 철도를 깔거나, 좀 더 빠른 전차를 만드는 것과 같은 비즈니스밖에 떠올리지 못합니다.

이를 고객중심으로, 철도를 이용하는 고객의 목적에서 생각하자는 것입니다. 그러면 통근, 통학, 여행, 운반 등 저마다 목적이 있다는 것을 알게 됩니다. 결국 쾌적하고 신속하게 수송해줄 것을 철도회사에 요구하게 됩니다. 그렇다면 철도를 까는 것뿐만 아니라, 개찰구를 매끄럽게 통과할 수 있게 전자화폐사업을 창설하거나, 수송 중 좀 더 고객들이 즐길 수 있도록 도시락을 개발하거나, 택배회사와 제휴를 통해 철도제조업을 뛰어넘는 사업을 생각해낼 수 있습니다. 실제 그런 종류의 비즈니스에 일본 철도업계는 참여하고 있습니다.

하나 더 예를 들어볼까요? 영화회사가 제품중심으로 생각하면 자신들의 사업은 영화제작이 되어버리고, 재미있는 영화를 어떻게 찍을까만 고심하게 될 것입니다.

반면 관객중심으로 생각하면, 관객이 영화를 통해 요구하고 있는 것은 얼마나 즐길 수 있느냐일 것입니다. 그럼 영화를 찍는 데에만 구애받지 않고, 방송계에 진출을 한다거나, 영화 세계관을 즐길 수 있는 테마파크를 조성하거나 해도 좋을 것입니다.

제품중심으로 생각하면 비즈니스 영역이 좁아진다는 사실에서, 레빗 교수는 제품중심주의를 고수하면 쇠퇴할 수밖에 없다는 사실을 「하버드비즈니스리뷰」에 발표한 논문 「마케팅 근시안」에서 지적했습니다.

이 마케팅 근시안을 벗어나면, 상품개발의 시야는 크게 넓어집니다.

"마케팅계의 드러커" 시어도어 레빗의 마케팅전략 **제2장**

만화에서 아키토가 '타월에 구애되지 말라'라고 한 이유도, 고객중심의 마케팅 발상이 있기 때문입니다.

덧붙여, 마케팅계의 거장 필립 코틀러가, "'어떤 세계나 사회를 만들고 싶은가?'가 중요한 마케팅 콘셉트가 된다"라는 마케팅 3.0(자세한 사항은 제4장에서 다룸)을 제창한 것이 2010년 전후입니다.

그동안 제품중심주의는 마케팅 1.0, 고객중심주의는 마케팅 2.0이라고 정의했는데, 레빗이 1960년에 '마케팅 근시안'을 제창했다는 것은 얼마나 선견지명이 있었는가를 알 수 있습니다.

미국 서해안에서 주목한 '린 스타트업'

하버드에서 이뤄지고 있는 브레인스토밍

자, 개발팀의 아이디어는 제품중심주의에서 고객중심주의로 옮겨가, '팔리는 타월은 무엇인가?'에서 '고객이 감싸고 싶은 소중한 것은 무엇인가?'로 진화했습니다.

이러한 아이디어를 낼 때, 하버드에서는 너덧 명씩 멤버로 나뉘어 그룹을 만들고, 브레인스토밍을 실시합니다.

브레인스토밍이란 소그룹으로 하는 아이디어발상법 중 하나로, 회의 참가 멤버 각자가 자유분방하게 서로 아이디어를 내고, 서로 생각이 다르다는 것을 활용해서, 우수한 아이디어를 많이 만들고자 하는 집단사고법이자 발상법입니다.

브레인스토밍은 세 가지 규칙이 있습니다.

(1) 다른 사람의 의견을 비판이나 부정해서는 안 된다
(2) 아이디어의 질보다도 양을 중시한다
(3) 다른 사람의 아이디어를 보충하거나, 다른 사람의 아이디어와 자신의 아이디어를 결합해도 상관없다

"마케팅계의 드러커" 시어도어 레빗의 마케팅전략 **제2장**

이와 같은 룰을 정해두면 평소 얌전해서 말이 적은 사람도, 발언하기가 쉬워집니다. 의외로 그런 사람들에게 좋은 아이디어가 나오는 경우도 많습니다.

모모카의 회사는 전 직원이 참여하는 브레인스토밍 회의를 열었습니다. 각 그룹의 의견을 취합하면, 많은 아이디어가 모일 것입니다. 그리고 정리하는 사람이 다시 한번 종이나 화이트보드에 적어가면서 최종적으로 범위를 좁혀갑니다.

만화에서는 포대기, 슬리퍼, 터번, 양말, 베개, 소파 커버 등 다양한 의견이 나왔습니다. 그리고 최종적으로 '룸웨어'가 선정되었습니다. 자신의 몸이 가장 소중하다고 생각했기 때문입니다.

고객만족도만을 높이기 위한 개선

그런데 타월 소재로 만든 룸웨어가 잘 팔릴 것이라는 근거가 있을까요? 이미 가운이라는 타월 소재의 룸웨어도 시장에서 판매되고 있습니다. 앞서 봤듯, 바로 '잘 팔릴 거라고 장담할 수 없다' 하는 의견이 나오기도 하죠.

그래서 아키토는 '린 스타트업'을 제안합니다.

린 스타트업이란 새로운 사업이나 상품 및 서비스를 시작하는 데에 있어서, 콘셉트구축, 제품제조, 궤도수정이라는 프로세스를 신속하게 반복하면서, 쓸데없이 버리는 시간이나 비용을 최소한으로 하고, 빠르게 개선해, 성공에 가까워지는 기업법입니다.

이 방법은 미국 동해안에 있는 하버드보다도, 서해안의 스탠퍼드대 MBA를 중심으로 발전해왔습니다. 예일대학 출신 엔지니어인 에릭 리스에 의해 2011년에 제창되었습니다.

린 스타트업은 우선 콘셉트에 따라, 최소한의 기능이나 디자인을 갖춘 상품을 준비합니다. 이 상품을 'MVP Minimum Viable Product'라고 합니다. 말하자면 파일럿 제품입니다.

"마케팅계의 드러커" 시어도어 레빗의 마케팅전략 **제2장**

그리고 MVP를 여러 손님에게 써보도록 해서 반응을 보는 것입니다. 실제 고객을 유치하기 위해서라도, 파일럿 제품임을 알더라도 사줄 만한 사람들이 제일 좋습니다. 그 유저의 반응을 보고 필요한 점만을 반복해서 개선해갑니다.

만화에서는 수첩 사례를 소개했습니다만, 여기서는 어떤 케이크가게가 당을 뺀 슈크림을 새로 개발하기 위해, MVP를 만든 사례를 들어 설명하겠습니다. 그것을 예정판매가격 150엔보다 저렴한 100엔에 판매하고, 시제품임을 알리고, 고객의 평을 모았습니다.

상품을 개발한 파티시에는 파이 반죽이 약간 딱딱한 것이 신경 쓰였습니다. 하지만 고객의 의견을 받아보니, 파

이 반죽이나 맛에 대한 평보다, '먹을 때 손이 지저분해지기 쉽다' 하는 불만 사항을 많이 품고 있었던 것입니다.

그렇다면, 반죽이나 속의 생크림 등의 개선보다도, 패키지 포장을 개선하는 편이 고객만족도가 올라갈 것이라고 예상할 수 있었습니다. 그렇게 포장을 개선하고 다시 시제품을 판매했더니 호평을 받았고, 정식 신제품으로서 출시되었습니다.

보통 개발을 한다면, '좀 더 반죽을 부드럽게 해야겠다' '생크림 맛을 좀 더 달게 하자' 하면서 개선을 하기 마련입니다. 하지만 MVP로 사전판매를 하고, 고객의 의견을 받아보고, 그렇게 알게 된 불만이나 요구사항을 개선하는 것만으로도 좀 더 효율적인 개발이 될 것입니다.

린 스타트업은 이러한 고객의 니즈를 잡기 위해서 필요최소한의 프로세스만을 반복하여, 불필요한 시간과 자원 낭비를 막을 수 있습니다.

이상적인 고객상을 100명 만들어라

이상적 고객상은 한 사람으로는 모자라다

HBS에서 파견된 아키토는 룸웨어 MVP를 만드는 동시에, 100명의 페르소나를 생각해보라고 지시합니다.

페르소나(가면)란 이상적인 고객상을 마치 실제 존재하는 사람처럼, 이미지를 만드는 일입니다. 이것을 페르소나 마케팅이라고 하며, 마이크로소프트사의 매니저였던 존 프루이트John S. Pruitt가 2006년에 『페르소나 전략—고객지향의 마케팅, 제품개발, 디자인』을 출판해서 주목받았고, 아마존이나 야후 등에서도 활용되고 있습니다.

구체적으로는 연령 성별, 거주지, 직업, 근무지 등 이외에도, 성장과정, 성격, 체형, 인생 목표, 라이프스타일, 가치관, 취미까지 마치 실재하는 것 같은 인물상을 생각합니다. 심지어 이름을 붙이기도 합니다.

일본의 케이스는 20~30대 독신 여성 고객이 적었던 가루비가 '27세' '독신' '분쿄구 거주' '요가와 수영이 취미' 등 페르소나를 만든 다음, 이런 사람에게 지지받을 수 있는 새로운 과자 '자가비'를 개발해, 공전의 히트를 시킨 사례가 있습니다.

하지만 아키토는 지금 같은 시대에 히트시키려면 페르소나는 한 명으로 부족하고, 100명은 생각해두는 것이 유리하다고 말합니다. 이에 대해서는 가공인물을 한 사람 한 사람 다 생각하기는 힘드니, '주변인 중에서 찾아도 좋다' 하고 조언했습니다.

세대나 입장이 다른 사람이 공감하는 것이 중요

　가가미타월의 신상품 룸웨어를 예로 들어보겠습니다. 모모카 대학 후배 중엔 요가를 배우고 있는 24세 회사원 다치바나 가오리라는 인물이 있습니다.

　그녀는 한창 운동하면 땀이 나는데, 그 때문에 티셔츠와 타이츠가 피부에 달라붙어서 불쾌함을 느끼고 있었고, 무슨 대책이 없을까 찾고 있던 중이었습니다. 그녀는 타월 소재로 흡수성을 높인 룸웨어의 잠재고객이라고 할 수 있습니다.

　린 스타트업과 병행할 경우엔 MVP 룸웨어를 본인이 관심을 보이면 구매하도록 하여, 실제로 행복감을 느낀 이야기를 들어보는 것이

"마케팅계의 드러커" 시어도어 레빗의 마케팅전략 **제2장**

좋겠죠. 만약 MVP처럼 상품이 없고 페르소나만으로 진행한다면, 그녀의 평소 성격을 바탕으로 룸웨어를 입었을 때 이렇게 느꼈을 것이다, 이럴 때 그녀는 행복감을 느꼈을 것이다 하고 상상해도 좋습니다.

가가미타월 제조부에서 일하는 직원의 아들인 중학생 아이다 사토시는 동아리활동이 끝나고 티셔츠 위에 입을 만한 옷을 찾고 있었습니다. 쌀쌀해지면 얇은 파카만으로는 부족하기 때문에 좀 더 따뜻한 옷이 필요했습니다.

이를 페르소나로 생각해보면, 동아리활동을 마치고 입으면, 쌀쌀하지도 않고, 땀도 흡수되어 쾌적하게 집에 돌아갈 수 있어서 행복감을 느꼈다는 스토리도 만들 수 있겠죠. 실제로 MVP를 구매하게 해서 행복감을 느꼈던 이야기나 개선점을 인터뷰해도 좋을 것입니다.

또, 도중에 제작팀에서 나간 미타에게 MVP 상품을 줬고, 아토피로 고생하는 아들이 룸웨어를 입고는 가려움이 덜해서 잘 잘 수 있었다는 에피소드도 건졌습니다.

이처럼 요가를 배우는 회사원, 농구부 중학생, 아토피를 앓는 아이와 같이 세대나 입장이 다른 사람이 공감하는 스토리를 상품에 부여해, 많은 사람의 공감을 끌어내어 히트 상품을 만들어가야 합니다. 이상적인 고객상을 다치바나 가오리만 생각했다면, 미타처럼 아토피를 앓는 아들을 가진 부모에게 접근하는 건 힘들었을 것입니다.

그럼 과연 가가미타월 신상품 룸웨어는 히트할 수 있을까요? 다음 장에서 확인하기 바랍니다.

제3장

"성공"에서 "성장"에 이르기 위한 오픈 이노베이션전략

파견 기간이 끝나고 미국으로 일시 귀국한 아키토. 신상품은 화제가 되어 팔리긴 했지만, 아키토는 그것이 자칫 일회성 유행으로 끝나진 않을까 걱정했다.
기업이 성공에서 지속적인 성장에 이르기 위해, 모모카 회사 사람들은 최신 이노베이션 이론을 도입해보는데…….

이대로라면 일시적인 유행으로 끝나고 말 거예요.

유행이라니….

이젠 성장하지 않으면 안 됩니다.

한층 더 레벨업해야 합니다!

그 방법이 바로 오픈 이노베이션입니다.

한결같이 공감해주는 기업을 찾으세요.
역시
모모카 씨, 부탁해.
네? 왜 나예요?
하고 싶다며.
하아 아아
하고 싶다고 말하는 게 아니었어….
타월로 소중한 사람을 감싸고 싶어요!
좋은 이야기네요. 타월도 괜찮은 거 같고.
어떠세요? 같이 하시지 않겠습니까?
딸깍
그렇다고 해서 특별히 컬래버를 하고 싶진 않은데….
잠깐 ….
다시 한번 생각해 주세요.
모모카 씨.
깜짝
아….
아 그렇지
영업에서 주의해야 할 것은 무리하게 개척하는 것이 아니라
자사의 스토리에 공감해서 적극적으로 참가해줄 곳을 찾는 것입니다.
매달리거나 하지 마세요.
자… 잘 알겠습니다. 좋은 기회가 있으면 또 찾아뵙겠습니다.

아키토 씨

내일 바로 상품개발 회의 있어요.

좋아, 힘내자.

오픈 이노베이션으로 성장할 수 있을 것 같아요.

수 주 후

아키토! 이 타월 소재 반려동물 옷 네가 담당한 회사지?

멋지게 성장한 거 같은데. 잘될 것 같아.

....

성장하고 있는 건 기쁜 일이지만…

특집 타월 소재 반려동물 용품

이번 주의 장인

온라인에서 **대인기**

소중한 가족을 감싸주고 싶어요

모모카 씨

좀 성장 속도가 너무 빠른 거 아닌가….

하버드식 이노베이션전략 '오픈 이노베이션'

'단발성'으로 끝나지 않으려면

MVP를 출시해, 개선한 룸웨어를 지역에 판매했더니, 반응이 좋아서 그런대로 팔렸습니다. 모모카는 고객이 보내온 의견을 모아, 더 철저히 개선하기 시작합니다.

결과는 대성공이라고 할 정도는 아니지만, 꽤 만족스러웠습니다. 하지만 승리감에 취해 있는 팀 앞에 아키토는 지속적인 성장으로 변화시켜야 한다고 말합니다.

히트 상품을 만들었다는 것은 성공했다고 할 순 있지만, 이는 예전과는 다르게 일회성으로 끝나버릴 가능성이 큽니다. 유행의 순환이 빨라지고 있기 때문입니다.

그렇다고 해도, 바로 완전히 다른 상품 개발에 착수하는 것은 무리가 따릅니다. 그럼, 어떻게 하면 될까요?

그래서 아키토가 제안한 것이 '오픈 이노베이션'입니다.

이것은 HBS의 헨리 체스브로 조교수가 2003년에 간행한 책에서 제창한 방법으로, 단번에 각광을 받은 전략입니다.

클로즈드 이노베이션에서 오픈 이노베이션으로

만약 자사의 힘만으로 이노베이션을 일으킨다면, 아이디어를 내고, 새로운 기술을 만들고, 마케팅 등을 모두 꾸려가면서, 재빨리 시장에 새로운 제품과 서비스를 출시해야 합니다.

이것은 클로즈드 이노베이션이라고도 하며, 그림 8과 같습니다.

자사 내의 기술이나 테크놀로지가 토대가 되며, 상품 및 서비스를 개발하기까지 다양하게 연구하고, 최종적으로 극히 일부가 시장에 나오는 구도입니다.

20세기에는 이런 방식의 극비개발이 주류가 되어, 많은 이노베이션을 일으켜왔습니다.

하지만 여기에는 방대한 연구개발

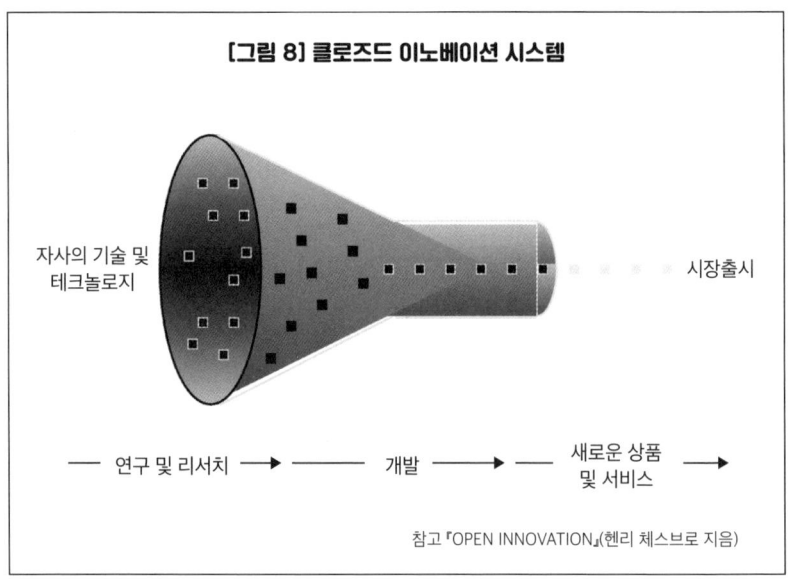

참고 『OPEN INNOVATION』(헨리 체스브로 지음)

비가 들며, 경쟁사보다도 우수한 직원을 고용해야 합니다. 실현하기가 상당히 어렵습니다.

게다가 체스브로는 이 클로즈드 이노베이션 사이클이 20세기가 끝날 때에는 붕괴 위기에 직면했음을 간파하고 있었습니다.

연구개발에 힘쓰고, 새로운 기술을 만들어도, 사내에서 상품화 및 서비스화가 되지 않으면 어떻게 될까요? 급기야 거기에 종사했던 연구자와 엔지니어들이 벤처기업을 세워, 상품화나 서비스화한다는 선택지가 나오게 되었습니다.

이들 다수는 실패하지만, 일부가 성공하고, 주식공개IPO를 하거나, 대기업에서 인수 제의를 받기도 합니다. 그리고 성공한 벤처는 같은 기술에 재투자하지 않고, 전혀 다른 새로운 기술의 상품화에 힘쓰게 되죠.

즉, 기업은 새로운 기술을 발견해도, 그 이익을 얻지 못할 위험이 크게 된

"성공"에서 "성장"에 이르기 위한 오픈 이노베이션전략 | 제3장

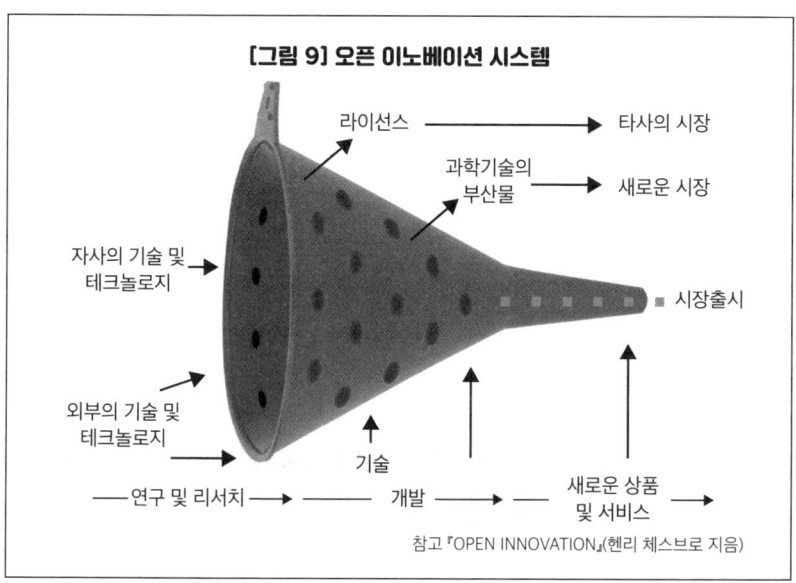

[그림 9] 오픈 이노베이션 시스템

참고 『OPEN INNOVATION』(헨리 체스브로 지음)

것입니다. 이렇게 한번 경험하고, 이익을 놓친 기업은 연구개발에 투자를 하지 않습니다. 그러니까 클로즈드 이노베이션 사이클이 순환하지 않게 되는 것이죠.

그래서 나온 것이 오픈 이노베이션입니다. 모든 것을 자력으로 하려 하지 않고, 적극적으로 다른 사람의 힘을 빌려, 이노베이션을 진행한다는 것입니다. 이는 그림 9와 같습니다.

기술이나 테크놀로지에 대해서는 자사뿐만 아니라 타사나 대학 등 외부의 것도 적극적으로 활용해갑니다. 또 상품 및 서비스를 만들어내기 위해 개발하면서도, 기술이나 아이디어를 외부로 분리하여 새로운 시장에 투입하는 것입니다. 그렇지 않으면 라이선스를 외부에 빌려주고 이익을 얻는 방법도 있습니다.

체스브로는 저서 『OPEN INNOVATION—하버드식 이노베이션전략의 모든 것』에서 '비즈니스를 둘러싼 환경은 변화하고 있다. 이노베이션 프로세스도 폐쇄형에서 개방형으로 바뀌어야 한다'라고 말했습니다.

P&G와 도레이의 오픈 이노베이션 사례

오픈 이노베이션이란 간단히 말하면, 타사와 적극적으로 컬래버하여, 새로운 가치의 상품이나 서비스를 만들어내는 것입니다. 컬래버라고 하면, 지금이야 일본에서도 비즈니스의 큰 키워드가 되었지만, 이 유행의 계기가 된 것이 P&G의 '커넥트와 디벨롭전략' 때문입니다.

P&G에서는 세계 유수의 연구개발 부문을 가지고 있지만, 상품개발뿐만 아니라, 디자인, 조달, 마케팅 같은 많은 과정에서, 새로운 아이디어 절반을 외부에서 입수합니다.

그렇게 외부 자원을 사용해서, 히트하게 된 상품이 있습니다. 그것이 P&G에 있어서 라이벌 관계에 있었던 유니참과 공동개발한 '스위퍼'입니다. 이 상품은 물 없이, 정전기를 이용해 먼지를 제거할 수 있는 획기적인 방식의 막대 걸레로, 미국에서 대히트를 쳤습니다.

"성공"에서 "성장"에 이르기 위한 오픈 이노베이션전략 제3장

먼지를 제거하는 데 필요한 교환용 천은 유니참에서 만들었지만, P&G 상품으로서 팔리고 있습니다.

유니참은 기저귀나 생리용품을 판매하는 회사로, 청소용품 관련 판매채널은 그렇게 강하지 않았습니다. 애써 획기적인 천을 개발했어도, 써먹지도 못하고 썩혀야 했습니다.

반면 P&G는 그런 천을 개발하려고 하면, 많은 시간과 비용이 필요합니다. 그래서 경쟁업체끼리 손을 잡았고, 윈윈하는 관계가 되어, 획기적인 상품을 빨리 개발할 수 있게 되었던 것입니다.

또, 대형 화학기업 도레이는 오픈 이노베이션을 적극적으로 진행하는 회사로 알려져 있습니다.

도레이는 2002년 창업 이래 계속된 적자로 경영개혁에 나섭니다. 연구개발에 있어서, 보다 단시간 저비용을 실현시켜야 했으며, 또 다양한 고객의 니즈에 응해야 했기에, 외부의 힘을 활용하는 전략을 취한 것입니다.

예를 들어, 유니클로에서 대히트한 발열보온효과가 있는 속옷 히트텍이나, 보통 다운재킷의 3분의 1 무게로 만든 울트라라이트다운도, 도레이와 패스트리테일링이 컬래버해서 만든 상품입니다.

이와 같이 오픈 이노베이션을 활용하면, 연구개발을 진화시켜, 저렴하게, 빨리, 시장에 내놓을 수 있습니다. 따라서 많은 이노베이션을 탄생시키는 것도 가능합니다. 이것이 아키토가 말하는 성공을 성장으로 바꾸기 위한 방법입니다.

플랫폼전략으로 성장하다

단, 오픈 이노베이션은 단순히 부족한 것이나 기술을 타사에서 보충하면 성공하는 것이 아닙니다.

오픈 이노베이션을 성공으로 이끌기 위해서는, 자사 상품의 본질적 가치를 뿌리 끝까지 깊이 인식하는, 이른바 '순화'하는 과정이 중요합니다.

모모카 회사의 경우, 회사 핵심이 되는 스토리는 '소중한 것을 감싸고 싶다'였습니다. 고객중심주의로 생각한, 이 회사 사업의 정의는 "소중한 것을 감싸주었을 때 '행복을 느낄 수 있는 소재'를 개발하는 회사"가 되겠죠. 회사의 강점(핵심 경쟁력)은 '소재개발력'일 것입니다. 제2장에도 나왔습니다

"성공"에서 "성장"에 이르기 위한 오픈 이노베이션전략 | 제3장

만, 고객의 베네피트는 '감쌌을 때, 감싸졌을 때에 얻을 수 있는 행복감'입니다.

아키토는 위의 과정을 거쳐, 어떻게 오픈 이노베이션을 실현하려고 하는 것일까요?

룸웨어만으로는 유명한 브랜드회사의 이름을 빌리거나, 의류판매점에 협력을 요청하는 정도의 컬래버밖에 할 수 없습니다. 그래서 아키토가 제안한 것이 자사 제품이 플랫폼이 되어, 응용하는 것이었습니다.

즉, 룸웨어라는 완성품으로 컬래버하는 것이 아니라, 행복감을 느낄 수 있는 소재를 가지고 컬래버하는 것입니다. 이때 소재는 플랫폼(토대)이 됩니다. 이것을 타월제조회사나 의류판매회사와는 전혀 다른 회사에서 응용하도록 한 것입니다.

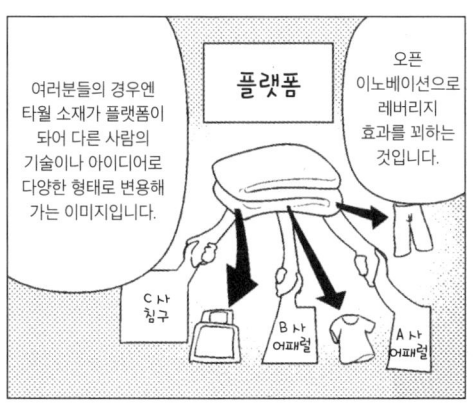

앞서 말한 도레이는 유니클로와 고기능성 의류를 공동개발하고 있지만, 또 다른 신소재제조업체 데이진은 가구소매기업 니토리와 란도셀 가방을 공동개발하고 있습니다. 이처럼 자사가 개발한 고기능성 소재를 제공하고, 타 업계 회사에서 폭넓게 상품에 응용하는 방법이, 아키토가 말한 '플랫폼전략'입니다. 플랫폼전략은 닌텐도나 소니가 기술을 집약한 기기를 만들고, 게임회사에서 소프트웨어를 만들어 성공한 것이 대표적인 예입니다. 하지만 많은 기업은 이번에 아키토가 제안한 방법이 더 실천가능하며, 참고할 만합니다.

오픈 이노베이션에 필요한 기업의 "순화"란?

컬래버는 스토리에 공감해준 곳과 할 것

회사의 생각(스토리), 핵심 경쟁력, 고객 베네피트. 이것들이 전해질 만한 샘플 소재를 들고, 착실하게 영업활동을 하게 된 모모카이지만, 무리하게 개척해서는 의미가 없다는 어드바이스를 받았습니다. 결국 회사 스토리에 공감하지 않으면 계속적인 비즈니스로는 이어지지 않기 때문입니다.

하지만 회사 스토리부터 일관되어 있으면, 컬래버를 하고 싶다는 회사나 사람이 나타나고, 자사의 소재를 사용한 의외의 상품이 탄생할지도 모릅니다.

이때, 고객에게 베네피트를 줄 소재를 제공하기만 하고, 이것을 어떤 형태의 최종제품으로 만들지 아이디어나 브랜드 자체도 상대에게 맡기는 방법도 있습니다. 어쩌면 대기업이 요청할 가능성도 있겠죠.

그러기 위해서 가장 중요한 것은 원래의 가치를 잘 갈고닦아, 회사의 스토리와 관련지어 이야기할 수 있어야 합니다.

게다가 그 스토리를 소재 어느 부분에서 담고 있는가 보여줘야 합니다. 예를 들어, 감촉인지, 온기인지, 흡수성인지. 회사의 강점인 핵심 경쟁력까지 확실히 반영한다면, 상대는 '이 회사와 협업하지 않으면, 상품 스토리가 생기지 않을 것 같다' 하고 생각할 것입니다.

핵심 경쟁력만으로는 보다 고도의 기술을 가진 곳과 컬래버할지도 모릅니다. 고객 베네피트만을 호소한다면, 언제나 함께 일했던 기업과 컬래버할지도 모르죠. 하지만 이것들이 회사의 스토리로 일관되게 이어져 있다면, 자사를 선택해줄 가능성이 훨씬 높아집니다. 스토리야말로 차별화하기 위해 필요하다는 것은 앞서 말한 바 있습니다.

레고로 무엇이든 만들 수 있는 이유

자사의 강점은 무엇인가를 지금까지 순화해가면, 소재는 보편화되고, 전개방식을 꽤 자유롭게 변화시켜가는 것이 가능해집니다.

예를 들자면, 블록 장난감으로 유명한 레고는 무엇이든 만들 수 있으며, 만드는 기쁨, 생각하는 기쁨이라는 이념을 가지고, 많은 회사와 컬래버를 진행했습니다.

레고는 빨강, 노랑, 파랑, 검정, 하양, 회색이 기본색인 블록 장난감에 지

"성공"에서 "성장"에 이르기 위한 오픈 이노베이션전략 　제3장

나지 않습니다. 그것만으로도 얼마든지 바꿀 수 있는 변용성이 있습니다. 모두가 좋아하는 로봇 등, 만들고 싶은 것을 마음대로 만들 수 있습니다. 왜냐하면, 창의성을 키워주기 때문이죠. 그래서 심플하면서도 가공성이 있을 만큼 효과적입니다.

이처럼 심플하게 만들어 창의성을 키워주려면, 뿌리부터 튼튼해야만 합니다. 가가미타월의 고객 베네피트인 '감쌌을 때, 감싸졌을 때에 얻을 수 있는 행복감'도 인간의 오감에 호소하는 것입니다. 오감에 호소할수록, 모두가 그것을 사용해 창의성을 발휘하는 것입니다.

자사의 가치를 심플하게 순화하면 할수록, 타사가 그것을 사용해, 전혀 다른 가치로 전환해줍니다. 이것을 금융용어로 하자면 '레버리지'가 되겠죠.

금융의 본질은 지렛대의 원리를 활용하고, 리스크를 제거해서 크게 성장하는 것입니다. 금융만이 아니라, 회사나 상품도 마찬가지입니다. 자사 내에서만 상품을 만들 것이 아니라, 다른 회사를 활용하면 크게 성장할 수 있습니다. 그러기 위해서는 회사의 핵심은 무엇인가를 명확하게 알아둘 필요가 있습니다.

한 가지가 뛰어난 회사에 컬래버 제안이 온다

　모모카가 다양한 회사를 돌아본 끝에, 어느 한 반려동물 용품 기업과 컬래버를 하게 되었습니다. 회사 내에서 브레인스토밍을 했을 때도, 유아용 타월 등의 제품 아이디어는 나왔지만, 반려동물용 제품은 나오지 않았습니다. 이처럼 순화해가다 보면 타사(타자)의 아이디어까지 빌릴 수 있습니다. 이는 외부의 기획력을 사용한 오픈 이노베이션이라고 할 수 있겠죠.

　오늘날, 위험한 것은 전부 자산으로 부담하여, 비즈니스를 크게 키우고 싶다는 생각입니다. 유니클로조차 자사 공장을 가지고 있지 않습니다. 파트너전략이라면 가공은 타사에게 맡기고, 자산을 가지는 일은 결코 없을 것입니다.

　또, 사업을 다각화하면서 회사의 핵심이 없어지는 일도 있습니다. 그러면 다른 회사에서 컬래버 제안하는 일도 없어지겠죠. 에어컨 하면 다이킨, 지퍼 하면 YKK처럼 오직 한 가지에 특화된 회사일수록, 컬래버 제안을 받을 가능성이 큽니다. 실제 다이킨은 2016년에 NTT니시니혼과 공조기 IoT실증실험을 개시했으며, YKK는 2017년 공업용 미싱으로 세계 최고의 점유

제3장 "성공"에서 "성장"에 이르기 위한 오픈 이노베이션전략

율을 자랑하는 JUKI와 지퍼를 다는 미싱을 공동개발하기로 발표한 상황입니다. 둘 다 자력으로 하려고 했다면 비용이나 시간이 들고, 사업화되지 못했을 것입니다.

오픈 이노베이션이라는 지렛대 원리를 활용하는 것이야말로 회사가 지속적으로 성장해가는 하나의 방법입니다.

가가미타월이 개발한 '소중한 것을 감쌀 때 쓰는 행복소재'도 의류업계뿐만 아니라, 자동차업계 등 어떤 업체가 흥미를 가질지 모르는 일입니다. 호텔에서 침대시트로 채택할 수도 있겠죠.

그 때문에 응용처와 응용도에 대한 정보를 알려서, 그 반응을 보도록 해

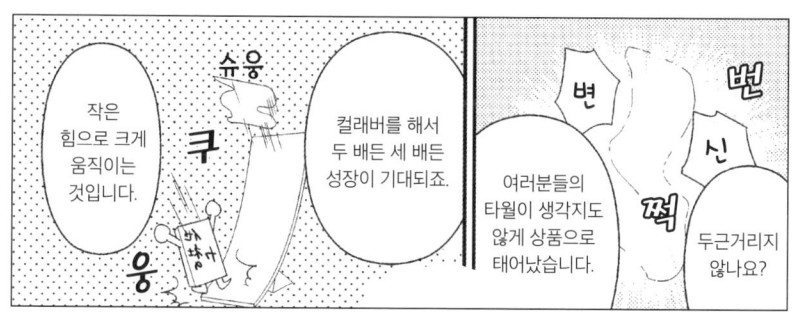

155

야 합니다.

컬래버 업체는 복수로 가질 것

　모모카가 회사와 제품의 스토리를 가지고, 폭넓게 영업한 결과, 반려동물용품을 만드는 회사와 반려동물용 의류를 개발하게 되었습니다.

　상대 업체가 '이 소재로 강아지 옷을 만들어서, 강아지와 견주에게 행복감을 느끼게 해주고 싶다' 하는 강렬한 의욕을 보였기 때문입니다. 상대가 관심을 표하지 않았거나, '그쪽에서 아이디어를 내주세요' 하고 말했다면, 그런 업체와는 공동개발을 하지 않는 편이 좋습니다.

　내가 열의를 전달했을 때, 상대가 적극적으로 나와줄지가 중요합니다.

　단, 여기서 리스크를 줄이기 위해, 다른 복수의 회사들과 개발 안건을 이

제3장 "성공"에서 "성장"에 이르기 위한 오픈 이노베이션전략

야기해두는 것도 좋습니다. 모모카 회사라면, 아웃도어업체 B 사와 컬래버한 방한 머플러, 침구 브랜드 C 사와 컬래버한 타월소재의 침대시트, 영유아용품 체인 D 사와 컬래버한 유아용 장갑 등을 생각해볼 수 있습니다.

모모카 회사는 다행이게도 반려동물용 의류가 온오프라인에서 호평을 받고 있습니다. 그런데 이렇게 성공을 손에 넣긴 했지만, 앞으로 어떻게 매출을 더 상승시킬 수 있을까요?

제4장

'공익'과 '사익'을
양립시킬 수 있는 CSV전략

오픈 이노베이션에 의해, 컬래버 기획이 잇따르는 가가미타월. 하지만 그것은 성장이 아니라 '팽창'에 지나지 않았다. 회사가 한 걸음 더 진화하기 위해, 마이클 포터 교수의 최신 경영론을 이용해, 전략을 재검토하는 모모카 회사 사람들. 과연 가가미타월과 모모카는 성장할 수 있을 것인가?

아키토 씨는 우리 회사의 가치에 공감하는 곳과 공동개발하라고 했잖아.

연락을 준 모든 회사가 방송을 보고 감동했다고 말했잖아요.

그건 그런데 말이야….

뭔가

개운하지 않은 느낌이죠.

바들 바들

두 사람 다 그 무슨 태평한 소리예요.

천재일우의 기회라고요.

컬래버 하는 거 그만 둘까요?

번뜩

좋든 싫든 인력이 없으니 어쩔 수 없잖아요.

쾅 쾅

그래도….

그럼….

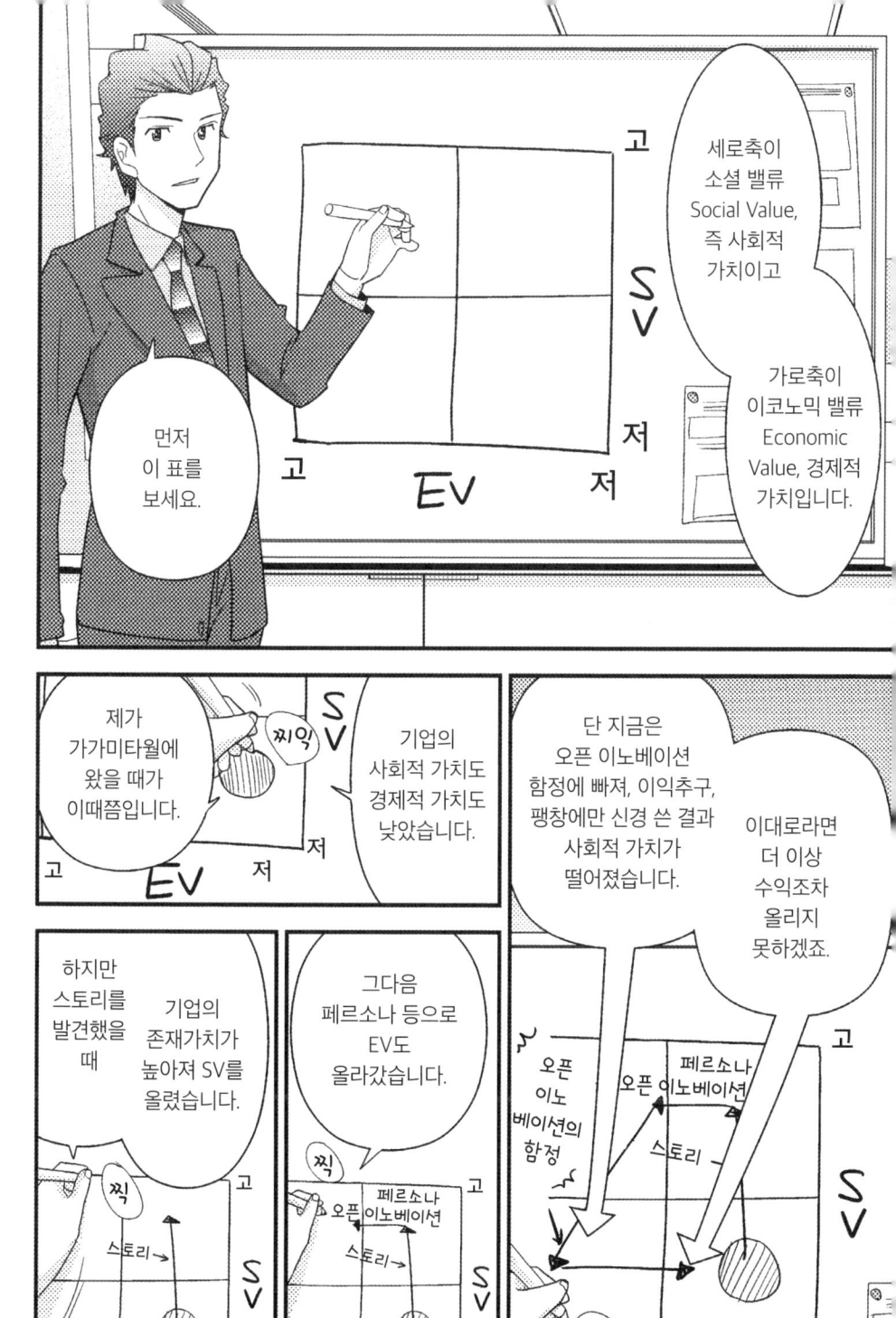

성공체험 가가미타월 노하우

여러분들의 성공체험을 지역산업 활성화를 위해 활용하는 거예요.

컨설팅에 가까운 일도 하게 될 거예요.

당연하죠!

어때요? 할 수 있겠어요?

어떤 회사에도 스토리가 반드시 있을 거잖아요! 그럼 분명 잘될 거예요.

하하하하하

.... 뭐 틀린 말은 아니지만

우선 가가미타월이 잃어버린 신뢰를 되찾기나 해요.

그건 말하지 마요.

오픈 이노베이션의 함정에 주의하라

팬이 떠나가는 가장 큰 요인은?

가가미타월이 오픈 이노베이션을 통해 만들어낸 강아지옷은 대히트였습니다.

그리고 이 성공을 알게 된 많은 기업으로부터 컬래버 의뢰가 쇄도해, 잇따라 '피부에 좋은 소재'를 사용한 상품이 개발, 발매되었습니다.

회사는 성장궤도에 올랐다고 생각한 그때, 모모카의 회사가 개발한 소재를 좋아하는 팬의 열기가 식어가는 것이 느껴졌습니다.

왜 팬이 떠나가는 것일까요?

원래 개발한 소재는 사장의 '소중한 것을 감싸고 싶다'라는 생각에서 태어났습니다. 가가미타월이 개발한 룸웨어는 소중한 자신의 몸을 감싸는 것으로서 개발되었으며, 민감한 피부에도 좋은 파자마로, 입으면 심신이 리셋되는 행복감을 제공합니다. 미타의 아들도 아토피 가려움에 방해받지 않고 생활할 수 있었죠. 타사와 컬래버한 반려동물 의류도 반려동물뿐 아니라, 주인에게도 행복감을 주었습니다. 역시 '소중한 것을 감싸고 싶다'라는 스토리가 근간에 있는 것이죠.

'공익'과 '사익'을 양립시킬 수 있는 CSV전략 **제4장**

결국 모두가 공유하고 싶어지는 '사회적 가치'가 있었던 것입니다. 하지만 그것이 잇따른 컬래버로 화제성이나 소재의 부드러움만이 요구되었으며, 모모카도 '경제적 가치'만, 즉 수익을 내는 것만 추구하게 되었습니다.

이것이야말로 팬이 떨어져나가게 된 원인입니다.

이전에는 필요한 것, 가지고 싶어지는 것을 출시하면 팔렸고, 그것만으로 족했습니다. 하지만 필요한 것, 가지고 싶은 것이 충족된 지금, 수익만을 목적으로 하는 전략은 지속성이 없습니다.

매슬로의 욕구 6단계란?

매슬로의 욕구 5단계설을 알고 있습니까? 인간에게는 성장욕구가 있으며, 요구하는 욕구의 단계가 다음과 같이 올라간다는 설입니다.

> (1) 생리적 욕구(식욕·수면욕 등 생명유지)
> (2) 안전의 욕구(신체의 안전이나 수입의 안정)
> (3) 사회적 욕구(가정이나 사회로의 귀속)
> (4) 자기존중의 욕구(타인으로부터 칭찬받고 싶다, 인정받고 싶다)
> (5) 자기실현의 욕구(더 나은 자신이 되고 싶다)

그리고 매슬로는 노년이 되어서, 여기에 다음과 같은 여섯 번째 단계를 추가했습니다.

> (6) 자기초월의 욕구(만인을 사랑하고 싶다, 사회에 봉사하고 싶다)

시장(마켓)의 발전단계도 동일합니다. 가난한 국가의 경우엔, 생계와 안전을 위해 먹고살기 위한 물건이 팔립니다. 이것이 선진국이 되면 가족을 위하거나, 자기실현을 위한 소비가 늘어갑니다.

그리고 지금은 미국이나 일본에서도 NPO의 활약이 늘어가는 것처럼, 사회 전체에 봉사를 목적으로 한 소비가 늘어가고 있습니다. 이미 일본의 마켓도 매슬로가 말한 여섯 번째 욕구단계에 진입해 있습니다.

과도하게 오픈 이노베이션에 의지한다면

아키토는 오픈 이노베이션이 오직 경제적 가치만을 추구하면 '오픈 이노베이션의 함정'에 빠진다고 경종을 울린 바 있습니다. 실제 컬래버하는 자체가 목적이 되면, 모모카 회사 사람들처럼 핵심 포인트를 지키지 못하게 되고, 소비자의 마음이 떠나는 사례가 많이 있습니다.

게다가 자사에서 기술을 개발하는 일을 멈춰버리면, 매력없는 회사가 되고, 결국 컬래버 요청이 오지 않게 됩니다. 이래서는 일시적 유행으로 끝날 뿐이고, 기업이 쇠퇴해가는 것은 시간문제입니다. 과도하게 오픈 이노베이션에 의지한다면, 회사에는 아무것도 남지 않게 됩니다. 회복하려면 굉장히 많은 시간이 걸리죠.

그래서 타사와 컬래버할 때는 자사의 핵심이 되는 부분을 지키는 게 중요합니다. 그래서 모모카 회사 사람들도 기업의 핵심이 되는 스토리나 자사의 가치를 재인식하기로 한 것입니다.

마이클 포터의 신전략 'CSV전략'이란?

사회적 가치와 경제적 가치 모두를 만들어내다

다행히 모모카는 사장에게 '무엇을 위해 타월을 만들고 있는지를 초심으로 돌아가 생각해야 한다'라고 제안받았습니다.

그리고 멘토 아키토가 가르쳐준 회사가 나아갈 길이 HBS의 마이클 포터 교수가 제창한 최신 경영이론 'CSV전략'입니다.

CSV는 'Creating Shared Value'의 첫 글자를 딴 것으로, '공유가치창출'이라는 말로 번역할 수 있습니다. "본업을 통해서 사회적 과제를 해결하고, 사회적 가치와 경제적 가치 모두를 만들어낸다. 이것이야말로 차세대의 경영 모델"이라고 마이클 포터 교수는 말했습니다. 본업과는 별개로 기업은 사회에 공헌해야 한다는 신념 아래, 자선사업 등을 실시하는 사례가 있습니다만, 그것은 CSR Corporate Social Responsibility이라고 합니다. 그림 10은 사회적 가치와 경제적 가치의 두 축으로 그린 표이므로, 참고하기 바랍니다.

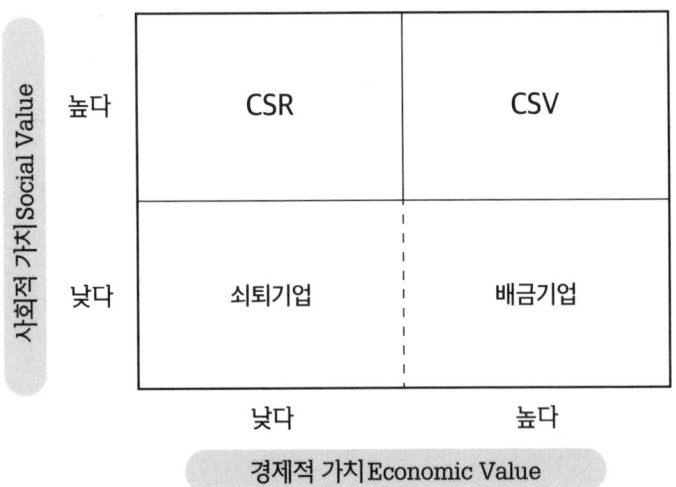

[그림 10] CSV와 CSR의 차이

가난한 사람에게 돈을 빌려줘 성공한 그라민은행

알기 쉬운 CSV의 예로 들 수 있는 것이, 신흥국에서 마이크로파이낸스 사업을 하는 그라민은행입니다.

창설자 무하마드 유누스는 방글라데시의 대학교수였는데, 경제학을 아무리 가르쳐도 가난으로 죽어가는 사람이 줄지 않는 현상을 목격하게 됩니다. 그리고 가난한 마을을 돌아다니면서 이야기를 듣게 되었고, 고리 대출 대신, 가난한 여성들에게 작은 회사를 창업할 수 있는 자금을 빌려주는 마이크로파이낸스(소액은행)를 시작하자는 데에 생각이 미쳤습니다. 그러고는 그라민은행을 설립하게 되었습니다.

그라민은행에서 저렴한 금리로 돈을 빌릴 수 있게 된 여성들은, 가게를 내거나, 채소를 키우거나 해서, 아이들에게 영양가 높은 식사를 줄 수 있게 되었고, 마을도 조금씩 풍족하게 되었습니다.

'공익'과 '사익'을 양립시킬 수 있는 CSV전략　제4장

　이는 단순히 자선사업이 아니라, 탁월한 비즈니스 모델입니다. 왜냐하면 통상 돈을 융자할 때는, 빌려 쓰는 사람의 변제능력을 봅니다. 하지만 가난한 사람에게 그러한 담보를 요구하는 것은 애초에 어려운 일이겠죠.
　그래서 대신에 5인 1조의 그룹을 만들어, 그 그룹 안에서 자금계획을 체크하도록 했습니다. 그리고 누군가 갚지 못하게 되었다면, 다른 네 명은 더는 돈을 빌릴 수 없는 시스템을 만들었습니다. 결국 변제능력이 아니라, 주변인과의 신뢰를 담보로 한 것이죠.

　이는 최소한의 융자에 대해, 각자 변제능력을 알아보는 심사업무를 진행하지 않아도 되니, 은행 입장에서 메리트도 있었습니다.

이렇게 새로운 시스템을 만드는 것으로, 그라민은행은 빈곤이라는 사회적 과제를 해결하면서도 수익을 올린 것입니다.

CSV전략의 세 가지 키워드

CSV를 달성하려면 세 가지 키워드가 관련되어 있습니다.

①차세대 제품 및 서비스의 창조
②밸류체인(원자재 조달부터 제품이 고객에게 전달되기까지의 기업활동) 전체의 생산성 개선
③지역생태계 구축

①은 제품이나 서비스를 발매하여, '격차' '고령화' '교육' '건강과 영양' 등 사회문제를 해결하고, 수익도 낸다는 것입니다.

②는 원재료의 조달뿐만 아니라, 상품개발, 물류, 판매, 애프터서비스 등의 기업활동을 통해 에너지 절약이나 쓰레기 양 감량 등을 달성하고, 환경 부하를 줄인다는 것이죠.

'공익'과 '사익'을 양립시킬 수 있는 CSV전략 **제4장**

③은 저가격, 저임금 등을 따져서 거래처를 선택하는 것이 아닌, 산지나 조달처의 경제가 윤택해지고, 자립적으로 돌아갈 수 있도록 지원 및 육성하는 것입니다. 결과적으로는 안정적으로 높은 수준의 공급처를 확보할 수 있습니다.

그럼, 마이클 포터 교수도 극찬한 일본의 CSV경영모델인, '일본차로 세계를 건강하게 하다'라는 전략을 내건 이토엔의 경우를 살펴보겠습니다.

이토엔의 CSV전략은 아래와 같습니다.

①카테킨이 들어가 있는 제품을 공급하는 것으로, 건강이라는 가치를 사회에 제공한다.

②지방농가와 협력해서 원산지인 차밭을 개척하고, 외부 차 제조 공장을 모집하고, 폐기물인 차 껍질을 재생지 등으로 재활용하는 등, 사회적 가치 향상을 꾀한다.

③저렴한 수입 찻잎의 증가나 후계자 부족으로, 늘어나는 유휴농지를 어느 지자체나 사업자에게 노하우를 제공해서 대규모 차농원을 조성한다.

이런 대처를 통해 이토엔은 사회과제를 해결함과 동시에, 고도의 기술을 보유한 생산자로부터 안정적인 공급을 받을 수 있게 되었습니다. '오이오차'는 미국의 구글이나 페이스북의 사무실에서도 볼 수 있으며, 건강을 신경 쓰는 사람들에게 인기입니다.

또, 도요타자동차의 경우는 어떨까요?

①90년대 세계를 선도하며, 환경에 좋은 하이브리드 자동차를 개발했지만, 현재는 FCV(연료전지자동차)의 미래를 통해, 친환경 수소 사회 실현을 목표로 한다.

②소재, 부품 제조업체와의 공동개발을 통해, 불필요한 부분이 없는 서플라이체인(도요타 생산방식)을 확립하고 있다.

③재해지의 공급자에게, 경험이 풍부한 최우수 인재를 파견해 지원한다.

자동차라고 하면 이전엔 대량의 배기가스를 배출하는 문제가 있어서, 제품을 제공하는 것으로 환경을 파괴한다는 비판이 많았습니다. 하지만 이산화탄소 배출이 적은 친환경 자동차라면 판매하는 것만으로 사회문제도 해결할 수 있습니다. 이런 자동차는 해외에서도 인기입니다.

게다가 '도요타 환경 챌린지 2050'이라는 장기비전으로, 기후변화, 수자

'공익'과 '사익'을 양립시킬 수 있는 CSV전략   제4장

원 부족, 자원고갈, 생물다양성 감소와 같은 지구환경문제에 자동차가 가진 마이너스 요인을 될 수 있는 한 0에 가깝게 만들어, 사회에 플러스를 일으키는 것이 목표입니다.

중소기업이 CSV를 실현한 사례

단, CSV는 수소사회 실현을 목표로 하는 도요타나 그라민은행처럼 숭고한 사회적 가치를 가지는 것이 조건이 되는 것은 아닙니다. 실제 마이클 포터 교수는 '다양한 기업은 여러 사업에 있어서도 CSV를 실현시킬 수 있다고 확신한다'(『CSV경영전략』에서)라고 명확히 말했습니다.

예를 들어, 지방의 어느 케이크 가게가 일본에 온 타이완인 고객에게 '이렇게 달지 않으면서도 맛있는 케이크는 처음 먹어본다'라는 칭찬을 듣고는 타이완에 지점을 낸 적이 있습니다. 처음에는 수익을 내고 싶어 해외에 출점하게 됐지만, 서서히 '세상 사람들에게 이렇게 맛있고 살이 덜 찌는 케이크를 알려 행복하게 만들고 싶다'라는 마음이 생기기 시작했다고 합니다. 이것도 CSV의 사례라고 할 수 있겠죠.

또 앞서 CSV를 실현하기 위한 세 가지 키워드를 들었지만, 이 세 가지가 꼭 들어맞아야 한다는 것은 아닙니다. 예를 들어, 담배 회사라면, 담배라는 제품을 파는 것으로 사회문제를 해결하기엔 어렵겠죠. 하지만 밸류체인의 생산성 개선에서 본다면, 천연 자원을 활용했으며, 지역생태계의 구축에서 말하자면, 공급농가의 수익이 증가하는 것으로 CSV를 실현할 수 있습니다.

대기업만을 위한 것이 아닌 하버드의 경영전략

사회적 가치와 경제적 가치의 균형을 유지하는 것이 중요하다

이제 세계 마케팅의 주류는 사회의 공통적인 가치창출을 목표로 하고 있습니다.

반대로 사회적 가치가 없는 회사는 강력한 저항을 받습니다. SNS에서 '좋아요!'를 얻지 못할 것이고, 더는 비즈니스로서 성립되지 않을 것입니다.

단, HBS의 마이클 포터 교수는 경제적 가치라는 시점을 무시하는 것이 아니라, 사회적 가치와 균형을 유지하는 것이 중요하다고 말합니다.

그라민은행의 유누스 총재는, "사회문제에는 끝이 없다"라고 말했습니다. 개발도상국뿐만 아니라, 선진국도, 국민이 동등하게 행복한 국가는 존재하지 않습니다. 사회적 과제는 계속 찾는 것이 중요하며, 얼마든지 본업에서 해결할 수 있는 과제는 발견할 수 있는 법입니다.

가가미타월이 생각한 CSV전략의 배경

가가미타월 회사 사람들이 생각한 CSV전략, '사회적 과제를 해결할 새로운 비즈니스'는 '지역산업을 살리는 컨설팅 사업'으로 결정했습니다.

지방도시의 산업은 중국이나 동남아시아에서 수입되는 저렴한 상품에 밀리고 있고, 또 인구감소로 뒤를 이을 인력 부족이 심각합니다. 일본의 지역산업은 어디나 쇠락의 길을 걷고 있습니다.

가가미타월은 물론, 같은 지역의 동종업계 경쟁사들은 어려운 경영 환경에 처해 있었습니다. 하지만 가가미타월의 룸웨어와 컬래버로 만든 신제품이 반응이 좋아서 지역 이름도 알릴 수 있게 되었습니다. 이 일로 가가미타월뿐만 아니라, 가가미타월이 있는 지역과 지역산업으로서 타월제조업이 주목받는 기회를 얻을 수 있었습니다. 그래서 가가미타월은 본업인 타월로 수익을 올리면서, 타월산지인 지역을 어필함으로써 지역에 공헌하게 됩니다. 또 지역이 유명해지면, 필연적으로 타월도 잘 팔리게 되겠죠. 이것은 타월산지로서 유명한 이마바리타월의 사례를 비추어봤을 때, 결코 꿈같은 이야기는 아닙니다.

게다가 가가미타월은 아키토에게서 배운 경영전략을 스스로 실행해왔다는 강점이 있습니다.

그래서 지역에 있는 동종업계 중소기업, 하청업무를 주로 하는 업체 등

'공익'과 '사익'을 양립시킬 수 있는 CSV전략 **제4장**

에게 마케팅을 포함한 경영전략을 어드바이스한다는 신규 컨설팅 비즈니스를 시작하게 되었습니다.

지방에서 활동하는 기업에게 있어서는 지역 사람들의 생계가 보장되지 않으면, 자신들의 비즈니스도 보장받지 못합니다. 하청업체 하나가 부도 나면, 안정적인 제조도 어려우며, 새로운 사람을 고용하지 못하면, 인력을

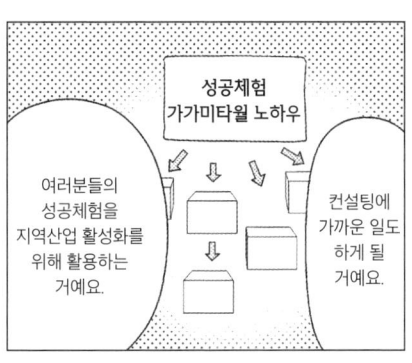

늘릴 수도 없습니다.

즉, 컨설팅을 해서 지역산업을 활성화시키는 것은, 컨설팅비를 받는 것 이상으로, 자신들의 비즈니스에도 굉장히 메리트가 있는 것입니다. '지역산업을 살리자'는 바로 지방을 거점으로 하는 가가미타월 나름의 CSV전략이라고 할 수 있겠죠.

이와 같이 MBA는 단순히 이론을 배우는 것뿐만 아니라, 항상 새로운 시대의 전략을 모색해, 도움을 줍니다. 하버드식 경영전략은 결코 유명한 대기업만을 위한 것이 아니라, 가가미타월처럼 보통 회사에도 응용할 수 있는 경영론입니다.

이 책을 통해서 하버드 경영론에 관심이 생겼다면, 마이클 포터 교수나 시어도어 레빗 교수 등의 경영론에 관한 책을 읽어보길 바랍니다.

끝으로

실전에서 쓸 수 있는 하버드식 경영전략

하버드비즈니스스쿨을 중심으로 한 최신 비즈니스이론 경영전략에 대해서 소개했습니다만, 어떠셨나요?

주인공 모모카처럼 엉뚱한 계기로 시작해, 새로운 제품 및 서비스 개발, 회사 경영에 참여하는 사례는 실제로 비즈니스 현장에서 비일비재합니다.

또, 독자 분들이 알아두었으면 하는 사실은, 하버드에서 가르치고 있는 경영론은 결코 대기업만을 위한 것이 아니라는 점입니다. 가가미타월처럼 중소기업에서도 활용할 수 있는 이론이며, 실제 컨설팅 현장에서 쓰이고 있습니다.

이 책을 통해 지금껏 배우고, 체득한 것을 꼭 이용해보고, 시행착오를 겪어보길 바랍니다. 그렇게 하면 언젠가 여러분의 회사나 조직이, 하버드의 케이스 메소드로서 다뤄지는 날이 올지도 모르니까요.

그리고 에필로그 마지막에서도 언급했습니다만, MBA는 결코 해외에 가야만 취득할 수 있는 것이 아닙니다. 국내에서도 학위 취득이 가능하므로, 관심이 있다면 잘 알아보길 바랍니다.

Original Japanese title:
MANGA DE WAKARU! HARVARD SHIKI KEIEISENRYAKU
Copyright © 2017 by Takashi Nawa, Madoka Matsuura
Original Japanese edition published by Takarajimasha,Inc.
Korean translation rights arranged with Takarajimasha,Inc.
through Danny Hong Agency.
Korean translation rights © 2022 by DOCENT

이 책의 한국어판 저작권은 대니홍 에이전시를 통한 저작권사와의 독점 계약으로 도슨트에 있습니다. 저작권법에 의해 한국 내에서 보호를 받는 저작물이므로 무단전재와 복제를 금합니다.

옮긴이 복창교
부산대학교 일어일문학과와 일본 리쓰메이칸대학에서 공부했다. 출판사에서 출판에디터로 일했고, 지금은 번역 및 편집 프리랜서로 활동하고 있다. 옮긴 책으로는 『살인마 잭의 고백』, 『청소시작』, 『진짜 대화가 되는 영어』, 『사료만 먹여도 괜찮을까? 반려견 편』, 『사료만 먹여도 괜찮을까? 반려묘 편』, 『HOW TO 팬베이스: 팬을 얻는 실천법』, 『HOW TO 미의식: 직감, 윤리 그리고 꿰뚫어보는 눈』 등이 있다.

HOW TO
하버드 필드 메소드

초판 1쇄 인쇄	2022년 2월 7일
초판 1쇄 발행	2022년 2월 14일

글	나와 다카시
그림	마쓰우라 마도카
시나리오	호시이 히로부미, 마쓰무라 바우
옮김	복창교
경영총괄	이총석
디자인	이혜원
펴낸곳	도슨트
주소	경기도 파주시 산남로 183-25
전화	070-4797-9111
팩스	0504-198-7308
이메일	docent2016@naver.com
ISBN	979-11-88166-41-1(03320)

* 파본은 구매처에서 교환해드립니다.
* 책값은 뒤표지에 있습니다.
* 글꼴은 국립중앙도서관이 개발한 도서관체입니다.
* **경영아카이브**는 도슨트의 경제경영브랜드입니다.